“一带一路”背景下

我国物流管理发展研究

王雅华◎著

中国水利水电出版社
www.waterpub.com.cn
·北京·

内 容 提 要

"一带一路"倡议为物流的国际化发展提供了巨大的机遇。本书从"一带一路"倡议出发，分析现代物流理论基础与管理实务，在此基础上，重点对我国物流中长期发展战略、跨境电商与国际物流、智慧物流的发展、物流风险管理、物流管理中的社会责任等方面内容进行研究与探索。

本书具有专业性和前沿性，适于物流管理人员参阅。

图书在版编目(CIP)数据

"一带一路"背景下我国物流管理发展研究/王雅华著.--北京：中国水利水电出版社，2018.6（2022.9重印）

ISBN 978-7-5170-6619-4

Ⅰ.①一… Ⅱ.①王… Ⅲ.①物流管理—研究—中国 Ⅳ.①F259.22

中国版本图书馆 CIP 数据核字(2018)第 149407 号

书　名	"一带一路"背景下我国物流管理发展研究 "YIDAI YILU" BEIJING XIA WOGUO WULIU GUANLI FAZHAN YANJIU
作　者	王雅华 著
出版发行	中国水利水电出版社 (北京市海淀区玉渊潭南路 1 号 D 座 100038) 网址：www.waterpub.com.cn E-mail：sales@waterpub.com.cn 电话：(010)68367658(营销中心)
经　售	北京科水图书销售中心(零售) 电话：(010)88383994、63202643、68545874 全国各地新华书店和相关出版物销售网点
排　版	北京亚吉飞数码科技有限公司
印　刷	天津光之彩印刷有限公司
规　格	170mm×240mm 16 开本 12.5 印张 224 千字
版　次	2018 年10月第 1 版 2022 年 9 月第 2 次印刷
印　数	2001—3001 册
定　价	60.00 元

凡购买我社图书，如有缺页、倒页、脱页的，本社营销中心负责调换

前　言

2013年，我国发出“一带一路”倡议。这是一个前所未有的市场建设工程。“一带一路”倡议旨在借用古代丝绸之路的历史符号，高举和平发展的旗帜，积极发展与沿线国家的经济合作伙伴关系，共同打造政治互信、经济融合、文化包容的利益共同体、命运共同体和责任共同体。这为世界各国提供了前所未有的发展机遇，高度整合的由铁路运输、公路运输、海运和空运等各种运输手段组成的物流体系将实现欧亚大陆全覆盖，随着交通基础设施的完备和各种辅助机制的打通，为物流的发展提供了巨大的机遇。

本书共分八章。第一章分析“一带一路”倡议的提出及其影响，主要内容有“一带一路”倡议的提出背景和内涵、“一带一路”倡议的战略意义以及“一带一路”倡议的影响。第二章为现代物流理论基础，分析现代物流的基本内涵和物流的功能及其合理化两方面。第三章为物流管理的实务分析，包括物流组织管理、物流成本管理、物流质量管理三个方面。第四章为我国物流中长期发展战略，内容为当前我国物流成本居高原因分析、连接全球的物流体系构建、物流业发展政策体系的完善三个方面。第五章为跨境电商与国际物流，分析研究跨境电商概述、国际物流发运流程、国际物流风险管理、中欧班列的发展四个方面。第六章为智慧物流的发展，对智慧物流的技术基础、智慧物流向智能供应链的发展、工业4.0时代智能物流市场蓝海的布局三个方面进行研究。第七章为物流风险管理，探讨物流风险管理理论与方法、物流企业风险管理实践、企业物流与供应链风险管理相关内容。第八章为物流管理中的社会责任，内容包括可持续供应链、绿色物流、低碳物流三个方面。

本书在写过作程中参考了众多学者的著作，在此表示衷心的感谢。随着社会和科学技术的发展，物流的方法和手段也会不断进行创新，书中一些观点随着时间的推移也会变得不再具有新意。此外，由于水平和时间所限，书中观点难免有不当之处，恳请广大读者批评指正。

作　者

2018年4月

目　录

第一章 “一带一路”倡议的提出及其影响

习近平总书记在党的十九大报告中指出，“要以‘一带一路’建设为重点，坚持引进来和走出去并重，遵循共商共建共享原则，加强创新能力开放合作，形成陆海内外联动、东西双向互济的开放格局。”可以看出，推动“一带一路”建设已经成为我国当前发展的重要任务，而“一带一路”建设对我国物流领域的发展也具有重要意义。

第一节 “一带一路”倡议的提出背景和内涵

一、“一带一路”倡议提出的时代背景

根据联合国统计司 2013 年 12 月的报告，2012 年世界各国 GDP 总量约为 72 万亿美元。2013 年 7 月 18 日，世界贸易组织发布了《2013 年世界贸易报告》，报告中提出由于全球经济增长缓慢、发达经济体需求不振等不利因素影响，2012 年全球货物和服务贸易总额 22.5 万亿美元，相较 2011 年仅增长 1%。其中，货物贸易额 18.3 万亿美元，与 2011 年基本持平；服务贸易额 4.3 万亿美元，增长 2%。扣除价格和汇率因素，2012 年全球货物贸易量增长 2%，为 1981 年以来所有正增长年份中增幅最小的。世贸组织称 2012 年全球货物和服务贸易总额增长 1%。表 1-1 是国际货币基金组织发布的 2012 年世界各国 GDP 总量前 20 名排名表。

表 1-1 2012 年世界各国 GDP 总量排名表(单位:百万美元)

名次	经济体	GDP	名次	经济体	GDP	名次	经济体	GDP
1	美国	15684.750	8	俄罗斯	2021.960	15	韩国	1155.872
2	中国	8227.037	9	意大利	2014.019	16	印尼	878.198
3	日本	5963.969	10	印度	1824.832	17	土耳其	794.468
4	德国	3400.579	11	加拿大	1819.081	18	荷兰	773.116
5	法国	2608.699	12	澳大利亚	1541.797	19	沙特	727.307
6	英国	2440.505	13	西班牙	1352.057	20	瑞士	632.400
7	巴西	2395.968	14	墨西哥	1177.116			

注：全球，71707.302(百万美元)；欧盟，16584.007(百万美元)。

在初步规划的"一带一路"沿线，总人口约44亿，经济总量约21万亿美元，分别约占全球的63%和29%。当今世界，国际金融危机影响尚未完全消除，世界经济增长缓慢，各国面临的发展问题依然严峻。建设全球基础设施，促进各国经济发展和文化交流是当今世界经济发展和全球文化建设的第一要务。

随着全球经济的高速发展，全球文化贸易也逐步发展，尤其是自20世纪90年代起，全球文化贸易迎来了发展新阶段。1992－2009年，全球文化产品贸易总额从1755亿美元增长到5273亿美元，其中核心文化产品贸易增长了近4倍。

在这样的发展趋势下，全球生产、消费、贸易和文化交流急需新的交通运输方式，随着全球化程度不断加深，世界各国产生了大量的信息交流与文化沟通渠道的需求，习近平总书记在这样的背景下提出了"一带一路"的构想。2013年9月17日，习近平总书记在访问中亚四国时，首次提出了"一带一路"构想，其目的是为了适应全球经济发展、贸易发展和文化交流的需要，建设与当今世界相适应的交通、信息等基础设施，为全球经济持续发展提供新的动力。

中国政府推出的"一带一路"是为了促进全球共同发展、实现共同繁荣的合作共赢之路，是增进全球各国理解信任、加强全球各国全方位交流的和平友谊之路。共建"一带一路"，旨在促进经济要素有序自由流动、资源高效配置和市场深度融合，推动沿线各国实现经济政策协调，开展更大范围、更高水平、更深层次的区域合作，共同打造开放、包容、均衡、普惠的区域经济合作架构。随后，中国领导人在多种场所发表有关"一带一路"演讲，大力宣传"一带一路"对全球贸易发展、文化交流和资源配置的重要性。

2014年6月5日，习近平总书记参加了中阿合作论坛第六届部长级会议，他在会议开幕式上提出，"一带一路"是互利共赢之路，将带动各国经济更加紧密结合起来，推动各国基础设施建设和机制创新，创造新的经济和就业增长点，增强各国经济发展动力和抗风险能力。

在2015年3月的博鳌亚洲论坛上，习近平总书记宣布"一带一路"建设的愿景与行动文件。习近平总书记强调，"一带一路"建设秉持的是共商、共建、共享原则，不是封闭的，而是开放包容的；不是中国一家的独奏，而是沿线国家的合唱。

2016年1月，习近平总书记到重庆进行调研，他指出"一带一路"倡议可以引领重庆发展，为重庆"走出去"提供更大更好的平台，推动了长江经济带的发展，为重庆提供了更好融入中部和东部的重要载体，在"一带一路"促进下，重庆发展潜力巨大、前景光明。不仅仅是重庆，全国各省、市、自治区及以下各级政府都应该组织专家研究各自地方建设规划与“一带一路”的对接问题,做好各自的经济建设工作。

共建“一带一路”符合国际社会的根本利益,是人类社会共同理想和美好追求,是国际合作以及全球治理新模式的积极探索,将为世界和平发展做出巨大贡献。“一带一路”倡议构想符合沿线国家的共同需求,为沿线国家优势互补、开放发展提供了机遇,是国际合作的新平台。

“一带一路”倡议可以加强欧、亚、非大陆及附近海洋的互联互通,旨在加强沿线各国的合作与共同发展,通过推进“一带一路”构建全方位、多层次、复合型的互联互通网络,实现沿线各国多元、自主、平衡、可持续的发展。“一带一路”的互联互通目标,将推动沿线各国发展战略的对接与耦合,发掘区域内市场的潜力,促进投资和消费,创造需求和就业,增进沿线各国人民的文化交流,让各国人民相逢相知、互信互敬,共享和谐、安宁、富裕的生活。推动“一带一路”倡议应该严格遵循五大原则。

第一,严格遵守联合国宪章的宗旨和原则,遵守和平共处五项原则。即尊重各国主权和领土完整、互不侵犯、互不干涉内政、和平共处、平等互利。

第二,坚持开放合作。“一带一路”相关的国家基于但不限于古代丝绸之路的范围,各国和国际、地区组织均可参与,让共建成果惠及更广泛的区域。

第三,坚持和谐包容。倡导文明宽容,尊重各国发展道路和模式的选择,加强不同文明之间的对话,求同存异、兼容并蓄、和平共处、共生共荣。

第四,坚持市场运作。遵循市场规律和国际通行规则,充分发挥市场在资源配置中的决定性作用和各类企业的主体作用,同时发挥好政府的作用。

第五,坚持互利共赢。兼顾各方利益和关切,寻求利益契合点和合作最大公约数,体现各方智慧和创意,各施所长,各尽所能,把各方优势和潜力充分发挥出来。

世界各国对中国政府提出的“一带一路”倡议给予了积极评价和肯定,认为这是推进世界经济进一步发展的重要举措,尤其是各沿线国家十分关注“一带一路”建设。韩国公使朴银夏认为中国政府提出的“一带一路”构想与韩国政府提出的“欧亚计划(Eurasia Initiative)”一脉相通,“一带一路”构想的推进会对“欧亚计划”产生协同效益,韩中两国在加强欧亚各国间沟通、深化信息共享方面应起到主导作用,期待将来和平共处、繁荣共赢的欧亚新局面的诞生。阿拉伯国家联盟驻华大使 Ghanim Taha Ahmed Al Shibli 在参加“聚焦丝绸之路经济带——2014 甘肃国际经贸合作研讨会”

时表示:"我知道中国人一旦有决心做一件事就一定能做成,30多年中国发生的巨大变化就证明了这一点。""丝绸之路经济带的提出非常重要,它沟通了东亚、中亚、西亚和欧洲,有着非常广阔的市场。""希望丝绸之路经济带的建设能加强阿拉伯国家和中国的联系。"阿塞拜疆驻华大使 Gandlov Latif 称,虽然丝绸之路有好几条走向,但是通过阿塞拜疆的这一条是沟通东西方最便捷的一条,希望中国的企业能参与阿塞拜疆的基础设施建设。巴林王国驻华大使 Anwar Yusuf Abdulla Alabdulla 表示,希望能与中国企业在食品加工、畜牧和禽类产品供应、中小企业、基础设施建设等一系列领域加强合作,"希望本次研讨会能成为燎原的星星之火"。

古丝绸之路在当时具有十分重要的意义和作用,它不仅带动了沿线各国、各地区的经济发展,更重要的是它蕴含着和平合作、开放包容、互学互建的精神。丝绸之路经济带战略构想的提出不仅是要打造中国经济的升级版,也是打造中国对外开放的升级版,打造利益共同体,不断深化同世界各国特别是和中西亚、中东欧等周边国家的合作,实现地区各国的共同发展与繁荣。

二、"一带一路"倡议的深刻内涵

我国作为带头人提出了共建"一带一路"的合作发展倡议,这与联合国、世界贸易组织这样侧重某一个领域的多边机制不同,与 G7、G20、ACD 等多边高层或务虚对话平台不同,与欧盟、东盟、北美自由贸易区等边界清晰的经济一体化安排也不同。

"一带一路"倡议具有以下几点主要特征:第一,涉及范围广泛,该倡议涉及政治、经济、文化、外交等多个领域;第二,具有灵活多样的机制,并且强调务虚务实的有机结合,同时重视政策对话、文化交流,以及基础设施的建设、经济贸易的合作、金融投资等;第三,虽然该协议也属于区域合作,但是具有很强的开放性,并不对国家的区域设置障碍,以此体现协议的包容性,有利于在更大的范围内实现共赢;第四,需要标准的统一互认和规则的兼容对接,但这并不是以"交换"作为基础,而是严格遵循"共商、共建、共享"的主要原则;第五,还没有建立专有机制,但是有很多现有机制可以进行依托,这些现有机制还可以为建立新机制提供基础;第六,目标具有多元化特征,在政治上、经济上、文化上等多个方面都有相应的目标,强调协调、共享和绿色发展。

从本质上讲,"一带一路"倡议是我国发展理念、经验和模式的向外延伸,是我国对外传播我国文明理念和发展价值观的有效途径。"一带一路"

涉及的范围广，具有丰富的内涵，但是其具有十分明显的核心，也就是促进区域合作，通过传承历史、深耕现实，主要目标是加强欧洲经济圈、亚非国家以及东亚经济圈之间的联系，促进各要素的高效配置，如技术、资金、劳动力、能源等要素的配置，从而促进世界各国的共赢发展。

“一带一路”不仅可以有效地帮助我国实现转型、推进我国的发展空间得到进一步拓展，同时对于亚欧非大陆具有重大意义，它可以通过建设利益共同体、发展共同体来解决当前面临的种种困难，将其作为战略依托可以同时促进我国和其他国家的共同发展。对于各种困难，只有开展更大范围的合作实现共赢发展才可以有效地解决。我国实现转型升级的重要条件，就是实现产业链、价值链、供应链的重新布局，也就要求我国加强“走出去”战略的实施力度；欧盟长期受到债务危机的不利影响，“去杠杆化”导致内部投资、需求低迷，这就要求它们必须通过积极开展合作拓展外部市场，从而提高其优质资产和先进技术的利用效率；俄罗斯、中亚国家拥有丰富的资源、肥沃的土地，但相对的在资金、劳动力方面比较匮乏，这就导致它们的农业基础设施发展滞后，并且有严重的土地闲置现象，这就要求它们通过引入外力的方式加快提升工业化、现代化水平；中东地区拥有十分丰富的油气资源，但是大国博弈集聚，宗教民族矛盾交织，战乱不断，恐怖主义在此滋生，这就要求它们加强政治对话的力度，从而建立相对稳定的经济合作发展机制，从根本上根除恐怖主义的滋生；非洲国家发展落后，在生活、教育、卫生等发面都发展滞后，而这也导致了流行疾病在此频频发生，非洲国家是联合国 2015 年后发展议程关注的重点，这些国家具有很大的发展潜力，劳动力资源丰富且结构年轻，在这样的条件下非洲国家可以取得快速发展。依托“一带一路”倡议的实施，沿线各国可实现优势互补，从而进一步发展，形成和平和谐、稳定繁荣的国际新格局、新秩序。

虽然“一带一路”具有较为鲜明的全球公共产品特征，但由于当前的国际秩序以及中国具有的国际地位的实际情况，导致“一带一路”区域合作具有双重性，也就是同时具有地缘经济与地缘政治的特征。在这样的特征下，美国认为自己身为“领导者”的地位会受到影响，日、印等大国战略压迫感上升，越南、菲律宾等国家认为在这样的形势下在领土争议方面它们受到威胁。虽然这些是政治上的问题，但是会在经济合作上有所体现，主要表现为消极、牵制、阻挠、对抗。我国发展要保证内部的转型升级以及外部的和平崛起，这就决定“一带一路”区域合作必须同时在政治和经济上适应当前要求，但我国仍是一个发展中国家，自身也面临很多亟待解决的问题。因此，在推进“一带一路”区域合作战略实施时，虽然要保证积极主动，同时也要量力而行，要保证我国的安全底线不会被突破，在同时考虑经济和政治的基础上,实现资源的有效利用。

第二节 "一带一路"倡议的战略意义

一、"一带一路"倡议有力推动中国对外开放大战略

"一带一路"倡议可以促进我国的资本输出。从经济层面来看,"一带一路"倡议的目的可以划分为两个层次,即从近期来看重点在于"基建产能输出+资源输入",从远期来看重点在于"商贸文化互通,区域共同繁荣"。

(一)推动通路通航

在"一带一路"建设中,交通运输是优先发展领域,包括交通运输业(港口、公路、铁路、物流),铁路建设与相关设备,航空服务、设备、整机生产等。交通运输的优先发展,加快提升了我国与周边国家交通基础设施的互联互通水平,并实现了区域交通运输一体化。

随着"一带一路"建设的推进,交通运输业会率先受益,基于亚欧交通运输大通道的建成,区域经济将会迎来进一步发展,并进一步推进公路、铁路、民航、海运等多种运输方式的互联互通,吞吐量得到明显提升。连云港至鹿特丹港连通的新欧亚大陆桥,将强化其在国际陆路运输中的骨干作用。中国也将全力打造与我国第三大贸易合作伙伴——东盟地区的海陆空综合交通方式:海上——将中国和东南亚国家临海港口城市串联起来;内河——中国出资澜沧江—湄公河河道建设,打造黄金水道;公路——南(宁)曼(谷)、昆(明)曼(谷)公路已经开通,东南亚正在形成两横两纵的公路通道;铁路——中国计划以昆明和南宁为起点,建设泛东南亚铁路联系东南亚陆路国家。

(二)推进基建产业链形成与发展

"基建产业链"包含建筑业、装备制造业、基建材料。从产业链的需求端来看,"一带一路"倡议沿线各国对基础设施建设具有强烈的需求,不论从这些国家的内部需求来看,还是从区域经济合作的需求来看都是如此。"一带一路"沿线国家由于财政紧张的原因,基建投资支出不足,普遍呈现基础设施落后的现状——人均 GDP、人均公路里程、人均铁路里程等指标均远低于我国,亚洲和非洲的沿线国家较中国分别有10%和20%的城镇化提升空间,而中国在自身城镇化过程中累积的大量经验和产能可以对外输

出。从国内来看，西北部区域各省区铁路、公路及高速公路密度在全国均属后列，新疆、青海、甘肃处于倒数5位，宁夏、陕西居于中后段水平，为实现“一带一路”各国间的基建对接，中国西北部的城市建设、交通运输网络等基建领域投资需求提供了空间。

从“基建产业链”的供给端来看，我国处于产业转型阶段，固定资产投资的增速逐渐放缓，我国国内的建筑业和制造业的需求出现了一定下降，而通过基础建设输出这一途径可以有效增加我国建筑业、制造业需求，实现优化产能的目标。在“一带一路”倡议的大背景下，我国参与设立“金砖国家开发银行”与“亚洲基础设施投资银行”很大程度上表明了我国加大对外开展基建投资业务的构想。根据总体基建投入约占GDP的5%估算，“一带一路”沿线对基建的需求或达到每年1.05万亿美元，而中国对外承包完成额2013年仅为0.14万亿美元，仅占其中的13%。主观意愿和客观条件形成合力，未来我国建筑业和制造业企业“走出去”的步伐将大幅加快，海外市场广阔的产业前景将逐渐打开。

（三）促进沿线各国通商

沿线各国的贸易往来主要包括两个方面，即商贸和文化产业贸易。从“一带一路”倡议的长期发展来看，这不仅为沿线各国带来了道路联通和贸易联通，其中还包含着文化的交流与沟通。“丝绸之路”自古是文化交汇的体现，其交流合作的内容涵盖了文化、旅游、教育等人文活动。培育具有丝绸之路特色的国际精品旅游线路和旅游产品，可以积极推进特色服务贸易，发展现代服务贸易。人员的流动还会加强沿线国家和地区的“一带一路”倡议创造的内外市场及大中小企业协同发展的新契机特殊旅游产品、文化产品、民俗风情、旅游线路及非物质文化遗产项目的发展，旅游企业可以开展旅游管理协作、旅游业务合作、旅游包机航线、旅游投资贸易、旅游服务采购。

在“一带一路”建设推进中，文化产业方面也提供了相应的政策支持，尤其是对于文化旅游产业来说，随着“一带一路”的不断推进将会获得更广阔的增长空间。“丝绸之路”是中国旅游最古老而且最具代表性的品牌之一，是“美丽中国”国家旅游形象的重要支撑。国家旅游局将2015年中国旅游主题年确定为“美丽中国——2015中国丝绸之路旅游年”。国务院《关于促进旅游产业改革与发展的若干意见》要求“打造跨界融合的产业集团和产业联盟，支持具有自主知识产权、民族品牌的旅游企业做大做强”；要“推动区域旅游一体化，完善国内国际区域旅游合作机制，建立互联互通的旅游交通、信息和服务网络，加强区域性客源互送，构建务实高效、互惠互利的区域旅游合作体"。

二、对建设国际运输通道提出必然要求

(一)建设国际运输通道是历史演进客观规律的必然选择

公元前 1 世纪以前,在尼罗河流域、两河流域、印度河流域和黄河流域背面的草原上,有一条贸易之路,这条草原之路不连贯地衔接了很多小规模贸易路线,而这也正是陆上丝绸之路的诞生之地。到了汉代,张骞多次出使西域,他在这条贸易之路沿线各国开展商业活动,由此吸引了更多人参与丝绸之路上的贸易活动,这在很大程度上推动了中原与西域之间的物质交流和文化交流。随着中国进入唐朝,迎来了太平盛世,修建了玉门关,还打通了天山北路的丝绸之路分线,使丝绸之路可以向西延伸至中亚,不断有新的商路支线在贸易发达的促进下开辟,随着丝绸之路的不断发展,青海逐渐成为与河西走廊具有同等重要地位的地区。此外,在该时期,东罗马帝国、波斯等国的政权也处于相对稳定的状态,这就促使丝绸之路迎来了再一次的繁荣。西汉初年,汉武帝平南越后,派遣使者沿着百越民间开辟的航线远航南海和印度洋,在途中经过东南亚,横渡孟加拉湾,到达印度半岛的东南部,最终抵达锡兰(今斯里兰卡),此后返航,而这就是海上丝绸之路的诞生。海上丝绸之路在我国古代的魏晋南北朝时期得到了较大的拓展。时间推移到唐中后期,随着战乱以及我国经济重心的向南迁移,陆上丝绸之路的负荷逐渐减少,海路运输开始盛行,海路运输相较于陆路运输,运输量更大,成本更低,安全度也比较高,因此,海路运输逐渐替代了陆路运输的主通道位置,成为中外贸易的最主要通道。尤其是到了宋朝,随着商业科技的高度发展,随着指南针和水密封舱等航海技术的发明和完善,以及牵星术、地文潮流等航海知识的积累,同时此时的阿拉伯世界对海路运输有着高涨的热情,这些都促使了海上丝绸之路的空前繁盛。但是当时间推进到明清时期时,随着禁海政策的实施,海上丝绸之路的繁荣不再,开始走向衰败。而近年来,随着欧亚大陆桥、新欧亚大陆桥的建设开通,人们意识到了丝绸之路的重要性,它再一次恢复了往日生机,在沿线国家的贸易活动中起着不可替代的重要作用。

通过了解人类文明的发展历程可以看出,现代化进程的主要路线是从内陆国家转向海洋国家之后再转向内陆国家的一个推进过程。在人类社会处于农业文明时期,社会中的主要生产部门是种植业和由种植业提供饲料来源的家畜饲养业,因此这个时期的一个标志性特征就是生产力低下,

在这个时期，运输工具十分简单、单一，运输条件也很差，这就导致人们进行货物运输十分困难，从而形成了当时分散生产、分散消费的生产经营模式，因此，这个时期的内陆国家农业经济更为发达。随着工业文明时期的到来，工业的发展带来了科技的进步，人类社会中开始出现各种全新的生产方式，城市开始快速发展，交通工具不再单一，人类逐渐发明出汽车、火车、轮船等先进的交通工具。人们也不再只通过书信进行通信，人们开始使用电话、电报等通信设备。随着科技的进步，世界各国、各地之间开始产生更为密切的联系，市场全球化的程度不断加深，再加之海洋运输成本低、运送量大的优势，沿海国家逐渐成为世界的主导。

当前的欧美海洋国家已经进入工业化、城镇化的高级阶段，在这样的背景下，其先进的发展模式与生活方式逐渐向欧亚非等内陆国家扩散。随着市场全球化的加深，东南亚、南亚、非洲等地区的发展中国家开始利用自身低成本优势吸引其他国家到本地投资，这也就实现了国际产业的转移，这些国家和地区逐渐成为劳动密集型产业中低端加工组装环节的重要发展基地。一些国家拥有丰富的资源，它们以此为基础调整经济模式，不再单纯地依赖初级产品出口实现自身的经济增长，逐渐转向依托资源延长产业链、推动重化工业集聚发展的发展模式。在时代洪流下，欧洲、亚洲、非洲的很多内陆国家开始崛起，它们加快了自身工业化、城镇化的脚步。欧亚大陆在全球范围内是面积最大的大陆，同时它也是地缘政治中轴，随着经济全球化的不断推进，欧亚大陆逐渐增多并加深了在经济、政治等方面的交流与合作。随着丝绸之路国际运输通道的构建，将会形成由平行的、多种运输方式组成的、互相补充的运输线路所支撑的运输通道，而这对于沿线国家来说带来了巨大的便利，为它们之间的交流与合作提供了有力的交通运输支撑，这对于它们的经济发展和文化交流均起到了越来越重要的作用。由此可以看出，构建丝绸之路经济带运输通道是满足历史演进规律的必然选择。

（二）建设国际运输通道是沿线国家发展的客观要求

丝绸之路沿线国家形成了丝绸之路经济带，经济带是指在劳动地域分工基础上形成的不同层次和各具特色的带状地域经济单元。经济带需要依托于一定的交通运输干线、地理位置、自然环境等必要因素，并将这些因素作为自身发展的中轴，在此发展轴上必然存在一些经济发达城市，将其作为整个经济带发展的核心，充分发挥经济发达城市的经济集聚和辐射功能，从而带动轴上的其他城市的经济发展，就此形成点状密集、线状延伸、面状辐射的生产、流通一体化的带状经济区域或经济走廊。经济带是一个地域概念，不论是经济发达地区还是经济欠发达地区都可以形成经济带。例如，美国的128号公路沿线地区就形成了经济带，主要从事电子和半导体生意；日本的太平洋工业地带属于日本经济的核心地区，包括京滨、中京、阪神三大工业区，这些工业区由太平洋沿岸地区的综合运输通道连接；莱茵河经济带是欧洲经济的一个重要中心，它是依托于莱茵河沿岸的综合运输通道形成的经济带；五大湖—圣劳伦斯经济带也是著名的经济带，它是北美经济中心，它依托于五大湖、圣劳伦斯河及两岸通道而存在。

2013年9月7日，习近平总书记在哈萨克斯坦纳扎尔巴耶夫大学发表重要演讲，在演讲中他提出共同建设丝绸之路经济带的发展战略。为了促进亚欧各国的发展，加强各国之间的经济联系，实现更深更广的合作，应该采用创新的合作模式，通过共同建设丝绸之路经济带的方式，带动整个经济带的发展，造福沿线各国人民。丝绸之路经济带东面接壤亚太经济圈，西面接壤欧洲经济圈，是目前最长的经济走廊，同时也是最具发展力的经济走廊。而交通运输是实现经济走廊有效运转的根本，因此具有重要作用。

1. 交通是经济带运转的基础条件

最初，我国有学者基于“交通经济带”“成长三角”以及“增长极”等区域经济概念和视角，认为“丝绸之路经济带”实际上就是一个跨国交通经济发展带，也就是说，“丝绸之路经济带”是以跨国交通通道作为其展开空间的经济带，充分利用区域经济一体化，将经济发达的中心城市以及交通基础设施作为经济带运行的依托，充分发挥生产要素自由流动以及区域内贸易的积极推动作用，实现沿线各国的经济快速增长，促进沿线各国的社会发展，是以此为目的而建设的中国－中亚跨国经济带。有一些学者则从广义和狭义这两个不同的角度规定了丝绸之路经济带的空间范围，他们提出该经济带实际上是将产业与人口的“点－轴”集聚作为经济带的根本动力的，同时将交通基础设施和自由流动的各种要素作为其基本框架，其目的是实现中国与中亚地区的共同获益，在实践中主要合作的领域为地缘政治与资源能源，以建立区域经济一体化组织为战略目标的特定区域空间结构。

例如，日本东海道经济带就是通过铁路、公路、航线和电信通信线等交通通信网络，将以东京和大阪这两大中心城市为端点的各个地区连接在一起的。该经济带的主要动脉就是相连两大都市的交通通信网络，包括东海道本线、国道1号线、新干线及名神高速公路等，通过这些交通干道有效地连接了京滨、中京和阪神这三大日本经济地域。东海道经济带长达600千米，在经济带的最宽可以达到200千米，对于日本来说，东海道经济带是其政治、经济和文化的轴心。1964 年,日本正式开通了从东京至大阪的东海道新干线,该线路全长达 515 千米,途经横滨、静冈、名古屋和京都,该线路成为支撑日本经济社会发展的大动脉。随着日本东海道的交通压力日益增大,日本建设并开通了东名和名神高速公路,这不仅很大程度上缓解了交通压力,更重要的在于这两条高速公路的开通连接了东海道上的各个中小城市,使其真正地参与到东海道交通经济带中,从而在整个东海道地区形成了不同等级和职能的经济圈域和都市系统。由此可以看出,铁路和新干线的开通运行,使东海道经济带真正成为一个有机经济整体,随着高速公路的全线运营,东海道经济带包含的内容更全面、更有层次,其涉及城市的联系也更为紧密。

由此可以看出,只有保证交通基础设施的完备,才可以真正实现经济带内的产业活动和布局顺利运行,交通会直接影响经济带的空间结构和组织格局。因此,在丝绸之路经济带的建设过程中必须重视丝绸之路国际运输通道的建设,只有这样才能使丝绸之路经济带充分发挥作用,带动沿线国家和地区的发展。

2. 交通是经济发展的先导

一个国家的国民经济需要依靠交通运输实现流动,是生产和消费进行交流沟通的基本条件,因此交通运输会对一个国家的经济发展产生严重影响。著名经济学家安德森和斯特龙奎斯特都针对交通对经济的重要性做出过阐述,他们指出欧洲经济体制的巨大转变就是在运输和通信基础设施的飞速发展。随着运输产业的发展,带动了整体国民经济的发展,此后还会带动与其相应的工业产业的发展。对于制造业、贸易业和国民经济其他部门来说,交通运输产业具有不可或缺的重要作用,它会为各经济部门提供运输、装卸和中转等相关服务,可以说交通运输会直接带动相应部门的发展;同时,交通运输产业不仅为制造业、贸易等行业提供相应的服务,也会消耗这些行业生产的产品和提供的服务,这就形成了与这些产业之间的后向联系效果。发展交通运输行业,可以充分发挥其对于现代工业、资金和人口的诱入、产生和凝聚的作用。随着交通运输产业在这种循环中不停地发挥作用实现了自身的完善和发展,进一步促进了国民经济的发展。

例如,美国波士华经济带就充分证明了这一点。波士顿经济北面的端点为波士顿,南面的端点为华盛顿,沿大西洋沿岸跨越 10 个州,其中包括华盛顿、巴尔的摩、费城、纽约和波士顿等大城市,该经济带南北纵深约为 600 英里,总共囊括了 30 多个城市区域,连接各个城市区域的主要交通网络是由州际(95 号)高速公路、航线和铁路等组成的,在该经济带上,从华盛顿到费城、从费城到纽约、从纽约到波士顿的距离只有大约 3 小时的车程，方便的交通促进了该经济带上的城市区域的经济、社会、文化的发展。1870 年，由于交通运输网络的建设和完善，把各个城市有机地连接在一起，从而形成规模和等级不同、职能分工各异的城市体系结构，这些城市形成了美国东海岸的带状城市聚集带，逐渐形成了波士华经济带的雏形。但是美国之后的经济发展出现了明显的西移，这种偏移直接影响了波士顿发挥自身的商业优势，从而使其地位逐渐被纽约所取代。美国在 20 世纪 30 年代开始重点加强高速公路的建设，在 1957 年建设了 95 号州际高速公路，这很大程度上带动了波士华的经济发展。在 95 号州际高速公路建设完成之后，从波士顿到华盛顿 600 英里的路程只需要 8～9 个小时的车程，随着交通网络的建设，波士华经济带上的 30 多个城市更紧密地联系在一起，形成一个有机整体。此外，随着航空业的发展，进一步强化了波士华经济带的交通系统，促进了经济带的进一步发展。

（三）建设国际运输通道是区域经济发展的内在要求

我国提出建设丝绸之路经济带，促进沿线国家的经济发展，是以自身和沿线各国的共同利益为出发点。这些沿线国家的经济结构普遍比较单一，能源工业和出口贸易是促进它们经济发展的重要产业，相较于经济发达国家和地区，这些国家的制造业和加工业相对落后。建设丝绸之路经济带国际运输通道，可以有效地促进经济带区域的贸易交往，从而推动沿线各国的经济发展。

1. 经济一体化的要求

在没有完全实现经济一体化目标前，丝绸之路经济带上的沿线国家开展的贸易活动属于国际贸易，随着一体化的深刻推进，国际贸易会逐渐转化为区域内贸易，然而不论经济一体化是否完全实现，实行基于比较优势的专业化生产，开展各成员国之间的贸易活动而获取比较利益，都可以实现更具效率的资源配置，可以从整体层面提高各国的福利水平。

2. 区域专业分工的要求

丝绸之路经济带的各成员国具有较为相似的要素禀赋结构，经济发展程度也基本处于同一水平，因此，根据产业内贸易理论这些国家可以实现同一产业内的专业分工，尤其是对于中亚地区的部分国家来说，这种专业分工实现规模经济，在各国之间开展贸易活动还可以实现福利增加。对于中亚的几个国家来说，它们具有各自的特色和优势。哈萨克斯坦富含矿藏,在采矿工业方面具有很强的实力,其最突出的特色是采掘工业和农牧业,其在冶金、钢铁、石油、煤炭、电力、化工、粮食和畜牧等八大支柱产业方面有出色表现,经济实力在中亚国家中也很出众;乌兹别克斯坦的工业和农业产值约占中亚的三分之一,相较于哈萨克斯坦盛产棉花、食用油,相应的在植棉机械、纺织机械方面的产量也比较高;吉尔吉斯斯坦盛产锑和汞,在畜牧业方面,其存羊栏数、羊毛产量都在中亚国家名列前茅;土库曼斯坦的天然气产量仅次于俄罗斯,其中有90%的天然气都是用于出口,此外石油和棉花的产量也相对比较多;塔吉克斯坦在中亚国家中是水力资源最丰富的国家,发电量在中亚国家中也位于前列,其首都杜尚别有中亚最大的铝厂。

3. 地域分工的要求

运用动态比较优势理论,可以很好地解释丝绸之路经济带地域分工格局。一方面,某产业处于生命周期的不同阶段时,会对生产要素提出不同的要求,这就导致不同生命阶段的生产要素的密集度不同;另一方面,各地区特定产业的比较优势会随着要素禀赋优势的改变而改变,这时就必须按照实际情况更新产业结构,形成适应实际的贸易结构。地区差异是地域分工的物质基础,比较利益是地域分工的经济动力,区际要素的空间转移是地域分工的必要条件。位于丝绸之路经济带上的各成员国应该充分了解自身所处的位置,要清晰地掌握自己具有的要素禀赋优势以及自身在产业生命周期中所处的阶段,要充分了解和掌握产业在区域间的梯度转移规律,涉及和实施符合自身实际情况的产业储备战略,从而形成合理的地域分工格局。

(四)建设国际运输通道是交通运输结构更新的要求

随着丝绸之路经济带运输通道的建设推动了经济带区域交通结构的转型和升级。第一,通过建设丝绸之路国际运输通道有效地完善了运输通道内交通网络结构。在推进国际运输通道建设的过程中,跨境铁路、公路的规划建设也得到了推进,从而形成了丝绸之路经济带的铁路、公路相互支撑的陆路运输通道格局,建成了贯穿东西的欧亚大陆桥通道及其辐射网络。此外,还促进了航空运输业的发展,加强了机场建设,实现了各成员国之间的直航航线的丰富和完善,有效地拓展了现代航空服务网络。丝绸之路经济带沿线各国围绕构建综合交通运输网络,加强了综合运输枢纽的建设,使枢纽节点可以充分发挥自身辐射带动的积极作用,并加强了多种运输方式之间的高效衔接,协力推进交通运输服务网络化,为沿线各国的经济、贸易等提供优质服务。第二,建设丝绸之路国际运输通道有效地加强了沿线各国运输的便利性。沿线各国参加了《国际铁路货物联合运输协定》《国际铁路货物运送公约》,推动签署了中巴哈吉、中吉乌等多个多边运输协定,并积极参与《集装箱海关公约》等国际便利运输公约。目前,经济带上的多个沿线国家签订了各种双边和区域性汽车运输协定,这进一步增强了运输的便利性,实现了各相关国家之间的汽车直达运输。除此以外,通过积极利用上海合作组织、中亚区域、中国一中东欧等国际合作机制,可以实现交通运输开放的进一步扩大,可以加强各成员国在交通基础设施建设、运输安全与管理、城市交通、现代物流、节能减排、科技创新、应急救助等领域的国际合作。

(五)建设国际运输通道是"一带一路"倡议的现实要求

习近平总书记在新时期区域经济发展的要求下提出了"一带一路"倡议。对于"一带一路"倡议来说,基础设施互联互通是其建设中的优先领域。丝绸之路经济带沿线国家正在加快公路建设,加强各国和整个"一带一路"沿线其他国家之间的联系,促进各相关国家之间的运输便利,为各国的贸易往来提供基本条件。例如,我国截至 2015 年 5 月已经与毗邻 11 个国家的 70 对边境口岸开通了 289 条客货运输线路,总长度 4 万千米左右,已经基本建成了国际道路运输网络,该网络以各重点城市作为中心、以各边境口岸作为节点,交通网络覆盖沿边地区,同时向各周边国家延伸和辐射。2016 年,我国加入联合国《国际公路运输公约》(《TIR 公约》),TIR 系统可以有效降低"一带一路"相关国家的通关时间,可以大大提高通关效率,同时还可以为中国有效实施《WTO 贸易便利化协定》创造条件。随着中国开始实施 TIR 系统,其通关时间可以降低 30%至 80%。加强"一带一路"沿线国家之间的深度合作,最基本的条件就是实现各国之间的互相联通,因此在推进"一带一路"的过程中,必须将建设和升级铁路、公路、口岸、民航、油气管道等作为重点。同时,"一带一路"倡议涉及沿线国家中,很大一部分为发展中国家,这些国家在基础设施建设方面比较落后,具有很大的提升空间。甚至其中一些国家还存在缺水、缺电、缺道路的情况,这就导致它们不能顺畅地与其他国家和地区交往,也就不可能实现高速的经济发展。随着公路的延伸可以有效地连接丝绸之路沿线各国,可以拉近各国之间的距离。随着"一带一路"倡议的不断推进和深化,会有更多搭建在中亚、中欧的客货道路运输线路,会使市场空间得到进一步拓展,各国之间也会有更广阔的合作空间。在中国实施"一带一路"倡议的过程中,公路网络体系得到了进一步完善,这无疑进一步促进了丝绸之路经济带交通基础设施的快速发展，对于沿线各国来说这都将成为其经济发展和社会进步的重要契机。

第三节 “一带一路”倡议的影响

一、“一带一路”倡议影响国际合作格局，带来区域合作机遇

（一）推动经贸关系发展，加速区域经济一体化建设

“一带一路”贯穿欧亚大陆，实现了亚太经济圈和欧洲经济圈的有效联通，沿线各国、各地区的人口规模约 44 亿，占全球人口规模的 63%；经济总量约 21 万亿美元，占全球经济总量的 29%。沿线国家既有欧洲和亚太地区的发达国家，也有包括中国在内的广大发展中国家，还包括少数最不发达国家，国家间的经济结构、资源储备、贸易结构比较优势差异明显，相互之间的互补性较强。“一带一路”一以贯之的互联互通理念反对仅仅出于国家利益而做出的战略决策，而是倡导一种以地区合作整体利益作为决策出发点的战略思考，这也要求沿线各国在互利共赢的基础上广泛开展合作。同时，“一带一路”沿线地区大多是新兴经济体和发展中国家，普遍处于经济发展的上升期，对于区域内的经贸往来和对外投资有着良好的发展愿望。随着“一带一路”倡议的推进，基础设施建设、道路交通、物流等各个相关领域也会实现更完善的建设，贸易投资的自由化、便利化水平也会出现显著提升。沿线各国经济贸易关系的发展是“一带一路”倡议推进的基础和先导，在这样的发展背景下，沿线各国会逐渐形成“宽领域、深层次、高水平、全方位”的合作格局。

随着经济全球化程度不断加深，全球贸易和投资结构也发生着深刻调整与变革，“一带一路”沿线各国大多都面临着经济转型升级的问题，推动并实现区域经济一体化是沿线各国的共同愿望。习近平总书记在 APEC 领导人非正式会议第一阶段会议上也表示，“中国是区域合作的受益者，更是区域合作的积极倡导者和推进者，我们愿意积极推进本地区贸易投资自由化便利化，加快区域经济一体化，携手推动亚太地区发展繁荣”，这也体现了中国倡导区域经济一体化的决心。在欧洲地区，欧盟作为日益成熟的经济政治一体化组织，在整合区域经济一体化建设中有着良好的示范效应。而在广大的亚太地区，出于区域经济一体化的共同愿望，包括中韩自贸区、中国—东盟自贸区、TPP 在内的多个经贸协议共存于整个亚太地区，

在区域经济一体化中既发挥了推动的作用,又带来了贸易规则间的竞争与冲突。中国推进"一带一路"倡议旨在通过经贸往来和文化互通更好地整合整个亚太地区的经贸关系,为区域经济一体化带来新的发展模式。

（二）推动民心相通,夯实民意基础

我国提出并推动"一带一路"倡议,从整体上来说得到了沿线各国的广泛支持,但不可否认的是,在这些支持和肯定中也夹杂着反对和质疑的声音。一些国家认为中国推动"一带一路"倡议是为了建立自己在区域内的主导权,是为了扩大并巩固自身的势力范围,中国向沿线各国寻求合作被曲解为维系自身在区域内的主导地位,中国推进投资和建立丝路基金的行为更是被肆意曲解为"中国版的马歇尔计划"。虽然这些错误认识可以从"一带一路"倡议的理论上予以批驳,但是我们必须意识到这种错误解读的背后是有一定社会基础的。在这种民间认识中,中国被更多地塑造为对手而非合作伙伴,而在媒体层面,媒体的对华报道总体呈现出一种较为负面的态度:针对中国的崛起,各国媒体倾向于认为这意味着其他国家在亚太地区地位的衰落,把中国的发展更多地看作挑战和威胁而不是机遇。媒体所营造的舆论环境影响了普通民众,在这样的环境下,民众无法接触到真正的中国,只能随着媒体的负面报道形成对"一带一路"倡议和中国形象的消极态度。

中国政府提出并推动"一带一路"倡议,不仅是为了谋求经济利益,中国政府摆脱了惯性思维,重视民心相通,认为只有以民心相通为基础而实现的发展才是真的发展,十分重视文化交往和人文交流在"一带一路"倡议中的作用。通过战略初期的一些具体实践,中国政府和中国企业得以正面面对其他国家的民众,在战略实施过程中展示出一种负责任大国的形象,消除民众对于中国"威胁"的担忧。具体而言,这种民心相通不仅要靠民间交往做出努力,也要求中国各级政府、各企业能够向作为战略合作伙伴的亚欧地区广大国家展示一个全面、立体的中国。各地方政府主体也可以充分发挥自身的自主性,在城市外交层面推动中国国家形象的建设与传播,为"一带一路"倡议夯实民意基础。

（三）整合亚欧市场,推进亚欧合作

由于交通、物流的限制,亚太经济圈和欧洲经济圈长期以来缺乏往来,而"一带一路"倡议可以很好地解决这个问题,随着沿线各国运输通道的建设和完善,可以有效地连接两个市场,实现亚欧市场的整合,促进亚欧合作的深入开展。

2014 年 3 月 31 日，中欧双方发表了《关于深化互利共赢的中欧全面战略伙伴关系的联合声明》。在这份联合声明中，中欧双方认识到“加强交通运输关系潜力巨大”，决定“共同挖掘丝绸之路经济带与欧盟政策的契合点”，探讨“在丝绸之路经济带沿线开展合作的共同倡议”，这成为较长一段时间内中欧针对“一带一路”倡议进行合作的基石。2015 年作为中欧建交 40 周年，相关活动将为欧盟与中国的对话与合作提供有利的契机，3000 亿欧元投资计划步入正轨后也将激发欧洲经济的活力，为中欧多领域合作提供机遇。中欧、中英两大人文交流机制的建成也为欧洲更好地参与“一带一路”建设起到基础性作用，欧盟也将为亚欧经济整合和亚欧市场的共同建设提供推动力。

长期以来，阻碍亚欧往来的一个重要问题就是道路交通和物流等基础设施建设的不足，而“一带一路”倡议可以有效地解决这个问题。德国是世界第四大经济体和欧洲最大的经济体，在欧盟以及中欧合作战略中具有举足轻重的地位，这一重要地位在“一带一路”倡议的实践中也有具体体现。习近平访德不仅将两国关系提升为“全方位战略伙伴关系”，探索了在能源、生态、环境治理等领域合作的可能性，更是亲自考察了渝新欧国际铁路联运大通道的终点杜伊斯堡港，指出了“中德位于丝绸之路经济带两端，是亚欧两大经济体和增长极，也是渝新欧铁路的起点和终点。两国应该加强合作，推进丝绸之路经济带建设。杜伊斯堡港是世界最大内河港和欧洲重要交通物流枢纽，希望它能为促进中德、中欧合作发展发挥更大作用”。目前已经投入运营的新亚欧大陆桥，由中国陇海和兰新铁路与哈萨克斯坦铁路接轨，经俄罗斯、白俄罗斯、波兰、德国，到达荷兰鹿特丹港，是目前亚欧大陆东西最为便捷的通道。当前中国已经开通了多个通往欧洲的货运列车，包括中国成都至波兰罗兹的定期货运列车，以及武汉开往捷克帕尔杜比采、重庆开往德国杜伊斯堡、郑州开往德国汉堡、呼和浩特开往德国法兰克福等多次货运列车，这些货运列车成为贯通中欧的重要交通途径，是中欧互联互通的前驱。除了货运列车外，中国还争取与欧洲实现海运联通，2009 年 10 月，中国远洋运输集团与希腊进行了比雷埃夫斯港码头经营权交接，获比雷埃夫斯港 2 号、3 号码头 35 年特许经营权，并在随后和未来的时间里参与比雷埃夫斯港港务局私有化项目。第三次中国—中东欧国家领导人会晤期间，中欧有关方面达成依托匈塞铁路、希腊比雷埃夫斯港等打造亚欧海陆联运新通道的共识，再次证明欧洲在“一带一路”建设中的关键地位。中东欧地区和中亚地区在交通设施进一步完备的基础上可以成为“一带一路”的枢纽，贯通亚欧的“一带一路”将为亚欧市场的整合和亚欧合作的深入开展提供契机。整体上来看，“一带一路”倡议为欧洲各国带来了以下几个发展机遇。

1. 推动了欧洲经济的振兴

欧洲次贷危机直到今天还对欧洲经济产生着影响,与此同时又受到了乌克兰危机的再次打击,导致欧洲央行推出欧版量化宽松政策,而这也引起了欧元贬值。为提振欧洲经济,提升欧洲经济竞争力,欧委会提出了3510亿欧元的战略基础设施投资计划——容克计划,完全可以和"一带一路"对接,推动欧亚互联互通建设,帮助欧洲经济复苏,进一步延伸欧洲市场。英国、法国、德国、意大利、卢森堡、瑞士等欧洲国家看好亚投行机遇,不顾美国的反对而纷纷加入,成为亚投行创始会员国,就是欧洲抓住"一带一路"倡议机遇,提升英镑、欧元和瑞士法郎影响力的现实举措。据布隆伯格分析,2050年"一带一路"将创造30亿中产阶级。未来十年可让中国同60多个沿线国家的年贸易额突破2.5万亿美元,其中就包括中东欧国家,而且合作会产生外溢效应,使欧洲受益。

2. 推动欧亚大市场建设,促进欧亚文明复兴

纵观世界历史发展,欧亚大陆始终处于世界文明的中心。随着欧洲推动全球化发展,海洋逐渐成为国际社会的主导型力量,而随之而来的就是大陆文明的逐步衰落。欧洲的海洋文明扩张直至第二次世界大战结束,美国成为海上霸主,欧洲海外殖民地纷纷独立,欧洲被迫回归大陆,通过一体化达到联合自强的目标。然而,欧债危机、乌克兰危机严重冲击欧洲大市场建设成果,欧洲人日渐认识到,只有涵盖俄罗斯的欧亚大市场建设才能平衡好安全与发展的问题,以欧亚文明复兴带动欧洲振兴,是历史的选择。

3. 促进欧洲实现地区融合

长期以来困扰欧盟的一个问题,就是"东部伙伴计划"和"地中海伙伴计划"的重要性比较问题,同时在计划的实施效果上也存在一定问题,而乌克兰危机对欧洲再一次造成重创。由此看来,加强欧洲地区融合眼光不能局限在欧洲,即便欧洲内部也要创新思路。"一带一路"的实施,使得中东欧成为中国在欧洲的新门户,尤其是在波兰、希腊、巴尔干,匈塞铁路、比雷埃夫斯港成为"16+1"合作的拳头产品,成为连接陆上与海上丝绸之路的桥梁。"一带一路"倡导的包容性发展是欧洲地区融合的机遇,它促使中国沿边十几个省份,尤其是内陆边疆省份,建立起与欧洲各地区的紧密的经贸、投资联系。

4. 为欧俄和解提供条件

在北约正式成立后，明确了“Keep Russia out”的战略目标，但是这一战略的实施为欧洲各国的发展带来了不利影响，乌克兰危机就是一个显著体现。实际上，想要实现欧洲的稳定，一个基础条件就是实现欧俄和解。“一带一路”倡议超越古代丝绸之路，特别注重将俄罗斯的远东大开发项目等包容进来，取道莫斯科，与欧亚经济联盟、独联体集体安全组织、上海合作组织等地区架构兼容，目的在于“Keep Russia in”。德国总理默克尔认识到，邻居是无法选择的，表示应将欧亚经济联盟与欧盟对接，这是化解乌克兰危机，求得欧洲长治久安的明智之举。“一带一路”为欧俄和解开启了机遇。

5. 促使欧盟可以更便捷地参与亚太事务

欧盟对于美国提出的“重返亚太”战略表现出明显的焦虑，因为欧盟担心由于该战略的实施而被边缘化，为了避免这一情况的发生，欧盟加速推进与亚洲国家的自由贸易区战略，但是战略实施并不尽如人意。“一带一路”倡议让欧洲从陆上、海上同时与亚洲铆合在一起，增加了欧洲参与亚太事务的便利性，也将增加欧盟抓住亚太发展机遇的能力，拓展欧盟在亚太地区的影响力。

6. 为欧盟提升全球影响力提供机会

“一带一路”倡议沿线国家，不少是欧洲的前殖民地，因此强调与欧盟的大周边战略对接。这样，汲取欧洲在全球治理、地区治理方面的经验、做法十分必要。中欧合作开发、经营第三方市场，比如西亚非洲、印度洋、中亚等地，在“一带一路”框架下有了更多的成功机遇。欧洲的经验、标准、历史文化影响力，为中国十分看重。“一带一路”倡议秉承和弘扬团结互信、平等互利、包容互鉴、合作共赢的丝路精神，与欧盟的理念相通，与欧盟的规范性力量产生共鸣，共同提升中欧全球影响力。

7. 促进中欧全面战略伙伴关系转型升级

中欧建交已经超过40年，中欧建立战略伙伴关系也已经长达十多年，随着“一带一路”倡议的推进，中欧关系逐步实现了更多方位和领域的合作，其中《中欧合作2020战略规划》就体现了这一点。如今，中欧正在谈判双边投资协定(BIT)，甚至考虑在此基础上研究中欧FTA可行性。“一带一路”计划为此带来更大动力，渝新欧、郑新欧、义新欧等13条欧亚快线铁路网越来越将中欧铆在一起发展，建立合作共赢的新型伙伴关系。

8. 促进跨大西洋关系平衡发展

第二次世界大战以后，欧盟倚重跨大西洋关系，但难以摆脱与美国竞争和合作中所处的不对称地位，"以一个声音说话"始终是无法实现的尴尬。"一带一路"强调开放、包容，不排斥域外国家，不谋求势力范围，不搞军事扩张，主张把美国包容进来，这就超越了TTIP的双边排他性，并在实施过程中推动中欧合作维护丝路安全，促使北约的欧洲化，改变欧洲相对于美国的被动地位，平衡发展跨大西洋关系。

(四)推动人民币国际化

"一带一路"倡议提倡资金融通，可以在一定程度上推动人民币的国际化。在"一带一路"倡议中，人民币国际化和人民币离岸中心的发展是实现跨境贸易和资金融通的重要路径，会有效地推动国际投资与区域合作的进程。

在国际金融市场联动、全球各国货币政策及财政政策相机抉择的背景下，货币互换协议的功能已从应对危机转向支持双边贸易和投资，有助于降低汇率风险，为金融机构的海外分支机构以及海外中国企业提供流动性支持，以人民币国际化推进国际经济、贸易和投资合作的进程。同时，中国与多国建立双边本币互换协议，也就相当于建立了一个以人民币为中心的"一对多"的交换、融资、清算系统，有利于推动人民币成为全球主要的贸易、金融和储备货币。

对于金砖国家开发银行、亚洲基础设施投资银行以及丝路基金来说，通过支持所在区域的公路、通信管网、港口物流等基础设施建设实现资本输出是其共同目的，其中尤其是"一带一路"沿线国家和地区的基础设施建设具有重要意义。

二、"一带一路"倡议影响国际合作格局，推动国际交通运输通道建设

(一)面向中亚以及远东地区搭建国际运输通道

中国应该依托国内交通网络，使新疆成为国际贸易集散地和产业合作前沿地区。构建以铁路和管道作为主干道、以公路作为先导、以航空作为辅助通道，依托于新疆主要口岸的三条亚欧大陆桥国际运输通道，以此为

基础推动沿线各国各地区的建设。

以新疆阿拉山口口岸和霍尔果斯口岸作为有效依托，加强陇海铁路—兰新铁路之间的连接，构建连接俄罗斯及欧洲路网的新亚欧大陆桥通道。一条路径为从阿拉山口口岸出境，途经哈萨克斯坦，北上进入俄罗斯，形成国内连接欧洲的铁路网。一条路径为从霍尔果斯口岸出境，途经哈萨克斯坦的阿拉木图，向西前行进入中亚地区，向前延伸至里海沿岸。加强相关铁路和油气管道的建设，加强兰新铁路西段的扩能改造，进一步推进中亚天然气管道C线和D线的建设工作。

此外，新建的亚欧大陆桥经塔城巴克图铁路口岸，途经哈萨克斯坦的阿亚古兹，向上延伸至俄罗斯和东欧的铁路通道，这条国际通道由天津出发，经过呼和浩特、哈密，延伸至欧洲。

（二）面向南亚和东南亚搭建国际运输通道

我国应该依托红旗拉普口岸，构建我国内陆地区经新疆喀什、巴基斯坦的伊斯兰堡、拉合尔，至印度洋的瓜达尔港，或经巴基斯坦进入伊朗、伊拉克的国际通道。沿着这条线路北上可以直接到达土耳其，向南延伸则可以直通东非，对我国来说，近期目标是加快经红旗拉普口岸的中巴铁路的建设工作，进一步扩展能矿资源的进口通道，使我国的产品出口可以获得更好更广阔的渠道，同时这也可以为各沿线周边国家和地区开辟经我国北疆铁路通向俄罗斯和欧洲的陆上通道。

将昆明、南宁作为支点城市，推进交通基础设施的建设工作，面向东南亚、南亚进一步加强开放水平，并与印度洋形成连接。加强孟中印缅通道、中老泰通道和中越通道的建设，加强交通等基础设施的相互联通。加强昆明至缅甸、越南和老挝的铁路、公路，以及昆明至缅甸的油气管道的建设，从而形成我国内地至南亚和东南亚的国际运输通道。加强对国际河流航运资源的开发和利用，加强对内河建设，如澜沧江、红河等，建设水路国际运输通道。采取合适的方法简化通关，实现更便利的贸易通关，提高通关效率，使云南成为面向西南周边国家开放的试验区和西部省份“走出去”的先行区，以此为支点全面提升中上游地区向东南亚、南亚开放的程度。

（三）建设海上丝绸之路

除了陆路运输外，水路运输一直是各国进行贸易的主要渠道，因此在建设国际运输通道时必须将海上运输作为重点。应该推进我国上海国际航运中心、天津北方国际航运中心、大连东北亚国际航运中心的建设工作展开，并为福建建设21世纪海上丝绸之路核心区提供必要的支持与帮助，强化我国其他沿海港口的建设和完善，强化长江干线的畅通，进一步调整和优化内河和沿海港口的结构布局，将建设21世纪海上丝绸之路作为导向加强与印度洋的沟通。建立更密切的中欧、中非和中国东南亚经贸关系，以此为基础促进各方的合作实现共同发展，并以此为前提进一步加强与东南亚国家以及欧洲的国际航线。我国与东非国家长久以来建立了良好的国家关系，可以以此为基础加强双方的远洋联系，促进相关国家建立更亲密的经贸关系，加强双方的产业互动。积极参与印度洋区域沿海港口的建设工作，增强我国在其中的影响力，加强我国远洋船队和国际航线建设，以此使国际航运更为安全稳定。

（四）建设空中丝绸之路

航空运输也是国际运输通道建设中的重要内容，应该促进国际航运形成更为合理的运输网络，扩大辐射范围，在欧美亚航线航班方面应该加大密度，同时应该加强对南美、非洲航线的开发。为内陆地区的国家航空港建设提供相应的资金和政策支持，强化内陆口岸与沿海沿边口岸的通关合作。为了更好地促进各国的贸易展开，新增一批"72小时过境免签"机场口岸。

中阿共建空中丝绸之路通道，加大对宁夏建设内陆开放型经济试验区的支持力度，促进中阿之间的交流与合作，这体现在商贸、能源、金融、旅游等多个方面。充分利用银川河东国际机场的地理优势，将发展航空物流和旅游作为切入点，随着银川河东国际机场T3航站楼于2016年年底正式投入使用，应该配合其成立宁夏基地航空公司和货运航空公司，以此为基础强化银川至哈萨克斯坦的货运包机航线，同时应该进一步拓宽航线，促进银川至中亚、中东、南亚等重点国家和地区的国际客运、货运航线建设，进一步加强银川到中亚、中东和南亚等主要城市的航班建设，不断地优化和完善国际航线的常态化运行。同时，应该进一步完善以银川为枢纽的铁路、公路等路网建设，以此促进空中丝绸之路的建设。

（五）推进其他国际运输通道建设

强化交通运输的国际合作，积极推进内陆对外通道境内段建设，加快中蒙、中俄货物运输通道建设，推进昆明经河口至越南、南宁经友谊关至越南、百色经龙邦至越南等铁路和公路建设。进一步加强水路运输和航空运输的国际运输通道能力，进一步推进界河和国际航道通航条件，加强各运输通道之间的配合，有效提高通航能力。

三、“一带一路”倡议影响国际合作格局，推动国内运输通道与国际运输通道衔接

（一）强化沿海港口的建设

港口建设对于架设国际运输通道来说具有重要意义，因此，应该统筹推进江苏、浙江等沿海地区和沿江地区的港口建设，同时应该强化对上海国际航运中心的利用，使其充分发挥引领作用，进一步加强航运中心的建设，重点推进武汉长江中游航运中心、重庆长江上游航运中心和南京区域性航运物流中心的建设工作，积极促进现代航运服务业发展，通过科学合理的布局构建高效的现代国际航运通道体系。统筹推进合裕线、赣江、汉江、沅水、湘江、乌江、岷江等长江支线高等级航道建设。加强铁路运输网络的搭建和优化，进一步完善公路运输网络的布局，拓展和开发航空运输网络，加强油气管道的建设及合理布局，进一步完善综合交通枢纽的建设，从而形成长江综合交通运输走廊。建设并完善港口集疏运体系，进一步优化运输组织，同时推动长江—远洋运输、铁水联运和公水联运。

（二）强化国内路网与国际通道的联通

完善进出疆的国内交通运输网络，以此为基础加强与国外交通运输网络的联通。强调陇海铁路—兰新铁路为主连接国家铁路网的重要性，强调其向内主通道的地位。2015 年 12 月，临江至哈密铁路全线贯通，形成了第二条进出疆铁路通道，进一步推进哈密经将军庙至克拉玛依铁路的建设，以此实现国内与克塔阿国际铁路通道的有效联通。同时要持续关注和推进成都—格尔木—库尔勒铁路及其支线若羌—和田—喀什铁路的建设工作，由此增添一条新的进出疆铁路通道。以新疆地区为中心，加强其他地区路网与其的联通。截至 2017 年 6 月，2017 年前 5 个月全疆重点铁路项目累计完成投资 20.6 亿元，这仅占全年投资计划的 6%，足以看出我国对进出疆铁路建设的重视。

加强云南桥头堡路网建设。加强建设中缅铁路大理至瑞丽段，中老泰铁路玉溪至磨憨段，中越铁路玉溪至河口段，祥云经临沧至普洱铁路，杭瑞国家高速公路龙陵至瑞丽段，银昆国家高速公路景洪至磨憨段。同时，加强油气管道建设，实现国内与中缅油气管道的匹配，推进区域干支线及安宁储气库的建设。

(三)优化运输组织模式和国际协调机制

搭建国际运输通道时应该优化运输组织模式。2011 年 3 月 19 日,首列中欧班列开行,随后陆续开通了很多由中国内陆至欧洲各地的铁路班列。应该充分发挥“渝新欧”“蓉新欧”“汉新欧”“义新欧”等国际运输通道的优势,对中欧通道国际集装箱班列进行科学有效地整合,应该实现协调平台、服务标准、运输组织的统一,重视新疆地区在国际运输中的重要地位,使其成为我国西部的国际物流平台和具有国际影响力的物流枢纽。

此外,应该建立统一的国际运输协调机制。以此为基础进一步推动口岸基础设施建设,加强对口岸功能的优化和完善,加强我国国内铁路与沿线国家铁路之间的联通,建立统一的运输规则,从而实现更方便更高效的国际运输,实现国际通关、换装、多式联运的有机衔接。

本章小结

习近平总书记在党的十九大报告中明确指出,“中国坚持对外开放的基本国策,坚持打开国门搞建设,积极促进‘一带一路’国际合作,努力实现政策沟通、设施联通、贸易畅通、资金融通、民心相通,打造国际合作新平台,增添共同发展新动力。”推进“一带一路”建设是我国当前的发展趋势,而“一带一路”倡议也为我国各行各业带来了影响,其中就包括物流行业。尤其是国际运输通道的建设,为我国发展跨国物流提供了良好条件和契机。

第二章　现代物流理论基础

物流活动作为一种物资资料的流通活动，其随着商品经济的产生而产生，随着商品经济的发展而发展。现代物流作为“第三方利润源泉”和提高企业竞争力的主要手段，随着经济全球化和信息技术高度发达受到了更为广泛的关注。本章主要从现代物流的基本内涵和物流的功能和合理化两方面对现代物流的理论基础进行一定研究。

第一节　现代物流的基本内涵

一、物流的产生与发展

(一)物流的产生

1901年，格罗威尔在美国政府的《工业委员会关于农场产品配送的报告》中，第一次论述了对农产品配送成本产生影响的各种因素，人们开始认识物流。1918年，英国联合利华公司的利费哈姆勋爵成立了“即时送货股份有限公司”，公司的宗旨是在全国范围内把商品及时送到批发商、零售商以及客户的手中。1921年，美国经济学家阿奇·萧在《市场流通中的若干问题》一书中提出“物流是与创造需求不同的一个问题”，销售过程的物流指的是时间和空间的转移，并提到“物资经过时间和空间的转移，会产生附加价值”。此时的物流指销售过程中的物流，是为了配合销售而进行的相关运输与仓储活动，即实体配送(Physical Distribution，PD)。

第二次世界大战期间，根据军事上的需要，美国在军火的战时供应中首先采用了 Logistics Management(后勤管理)这一概念。这一思想不断发展，在战争结束后逐步应用到生产企业和零售企业，被西方国家广泛采用，特别是第二次世界大战后，随着工业化进程的加快，西方国家的企业进入大量生产和大量销售时期，如何降低生产和销售中的成本、提高经济效益，成为它们共同追求的目标。因此，Logistics 被赋予了新的含义，它包括生产领域的原材料采购、生产和销售过程中物资实体的流动等问题，其含义已经超越了“PD”的概念，成为现代物流。现代物流是独立于其他行业之外，联合和涵盖交通运输业、仓储业、配送业等行业，为各种客户提供库存决策、订货采购、运输装卸、分装储存、配送发出等一站式服务，能够提高流通效率、降低企业成本。

早在1962年，美国管理学者彼得·德鲁克就在《经济的黑暗大陆》一文中指出，消费者支出的商品价格中约50%是与商品流通活动有关的费用，物流是降低成本的最后领域。目前，物流被视为“第三方利润源泉”，对物流各项功能活动的管理由过去的分散管理开始向系统化、集成化方向转变。由此可见，物流不再仅仅是伴随着物资流动而发生的各种活动的总称，而是在对这些活动的相互关系做出调整，作为一个有机整体和一个系统进行管理的必要性得到充分认识的基础上产生的概念。

（二）物流的发展

20世纪50年代末，PD概念被介绍到日本，国内的“物流”一词是日语中“物的流通”的简称。到60年代中期，PD被正式翻译成“物的流通”，70年代初又简称为“物流”。一般对“物的流通”最为普遍的理解是，物流是商品流通的一个侧面，二者共同构成商品的流通活动。物流最初仅指销售物流，即站在个别企业的角度看物资的流动，限制在销售领域。随着物流业务的发展，逐步扩展到采购供应和生产物流。

随着物流概念使用范围的不断扩大，其内涵也在不断更新。首先，信息技术的不断提高和物流意识的增强，由最初的只有以大企业为中心开展物流系统化，转向中小企业也开始追求物流的效率化，出现在物流规划、物流基础设施建设、物流法规等方面；其次，物流的整合范围由原来的只限于销售领域扩展到企业生产经营的其他领域，进而扩展到供应链上的所有上下游企业。

逐渐地，伴随着物流整合范围的扩大，反映物流系统概念的词汇由PD转变为Logistics。Logistics的原意是后勤学，主要指与军事物资运输、野营宿舍安置，以及食品、武器、衣物用品的配给、补给等后勤活动相关的管理运营技术。Logistics的特征是依据企业的经营战略，将存在于企业生产经营全过程的物资流动作为一个有机整体加以管理，以实现经营效益的最大化，其包括从采购、制造到销售过程中所有相关的物的流动和保管问题，已经包含了PD的含义。但是，从物流发展的过程来看，Logistics和PD还是存在区别的，这主要体现为以下两点。

第一，PD局限在对销售领域物流活动的管理，没有包括采购物流。

第二，PD将物流合理化的范围停留在物流部门内部，物流与生产和销售活动没有实现一体化管理。而 Logistics 包括了从原材料采购、在制品移动到产成品销售全过程的物资流通活动，物流合理化不仅仅限于物流部门内部，而且扩展到生产和销售部门。

随着物流的发展，传统物流开始向现代物流转变。现代物流包括运输合理化、仓储自动化、包装标准化、装卸机械化、加工配送一体化、信息管理网络化等，主要是利用现代信息化技术和网络手段，通过在计算机网络上的自动采集、处理、储存、传输和交换，实现物流信息资源的充分开发和普遍共享，以降低物流成本、提高物流效益。现代物流采用的信息技术主要是条码技术、电子数据交换（EDI）、全球卫星定位跟踪系统（GPS）及智能交通管理系统（ITS）。

二、物流的基本概念及分类

（一）物流的基本概念

物流中的“物”指一切可以进行物理性位置移动的物资资料和物流服务。物资资料包括物资、物料和货物，物流服务包括货物代理和物流网络服务。物流中的“流”是物的实体位移，包括短距离的搬运、长距离的运输和全球物流。

中华人民共和国国家标准《物流术语》（GB/T 18354—2006）将物流定义为：“物品从供应地向接收地的实体流动过程。根据实际需要，将运输、储存、采购、装卸搬运、包装、流通加工、配送、信息处理等基本功能进行有机结合。”

（二）物流的分类

1. 按照物流在社会再生产中的作用分类

第一，宏观物流。宏观物流指社会再生产总体的物流活动，是从社会再生产总体角度认识和研究的物流活动。这种物流活动的参与者是构成社会总体的大产业、大领域。宏观物流的主要研究内容是物流的总体构成、物流与社会之间的关系及在社会中的地位、物流与经济发展的关系、社会物流系统和国际物流系统的建立与运作等。

第二，微观物流。微观物流是针对宏观物流而言的。在一个小地域空间范围内发生的具体物流活动我们就可以称之为微观物流。微观物流的特点是具体性和局部性，更贴近具体企业。

宏观物流为微观物流的计划管理提供基础和环境，微观物流的管理对宏观物流的发展形成需求。

2. 按照物流活动的地域范围分类

(1)国际物流。国际物流是伴随着国际经济交往、贸易活动和其他国际交流所发生的物流活动。由于近年来国际贸易的急剧扩大,国际分工日益明显,世界经济逐步走向一体化,国际物流正成为现代物流的研究重点之一。

(2)区域物流。区域物流是相对于国际物流而言的,它与一个区域内的政治、经济、文化联系较为密切。一个国家范围内的物流、一个城市间的物流、一个经济区域内的物流处于同一法律、规章、制度之下,受相同文化和社会因素的影响,处于基本相同的科技水平和装备水平之中,因而都有其独特的区域特点。区域物流研究的重点是城市物流。城市经济区域的发展有赖于物流系统的建立和运行。

3. 按照物流系统的性质分类

(1)社会物流。社会物流指超越企业物流,以社会为范畴的物流活动。这种社会性质很强的物流是由专门的物流服务供应商承担的。社会物流的研究对象包括:社会再生产过程中随之发生的物流活动,国民经济中的物流活动,如何形成服务于社会、面向社会又在社会环境中运行的物流,以及社会中物流体系的结构和运行规律,因此具有综合性和广泛性。

(2)行业物流。顾名思义,行业物流指的就是在同一行业中产生的物流活动。相同的行业由于行业自身的性质,往往会存在一定的竞争关系。但是在物流活动中由于会涉及自身的一些利益,相同的行业也会经常相互协作,共同促进行业物流系统的合理化。以日本的建设机械行业为例,它提出的行业物流系统化的具体内容包括:各种运输手段的有效利用;建设共同的零部件仓库,实行共同配送;建立新旧设备及零部件的共同流通中心;建立技术中心,共同培训操作和维修人员;统一建设机械的规格等。

(3)企业物流。企业物流指在企业经营范围内由生产或服务活动所形成的物流系统,运用生产要素,为各类客户从事各种后勤保障活动(即流通和服务活动),依法自主经营、自负盈亏、自我发展,并具有独立法人资格的经济实体。

三、现代物流的特点及经济价值

(一)现代物流的特点

1. 反应快速化

物流服务提供者对上游、下游的物流、配送需求的反应速度越来越快,前置时间越来越短，配送间隔越来越短，物流配送速度越来越快，商品周转次数越来越多。

2. 功能集成化

现代物流侧重于将物流与供应链的其他环节进行集成，包括物流渠道与商流渠道的集成、物流渠道之间的集成、物流功能的集成、物流环节与制造环节的集成等。

3. 服务系列化

现如今是迅速变化的“买方市场”，用户要求越来越高。提升服务质量已成为一种变相的竞争。现代物流也必须要与时俱进，除了传统的储存、运输、包装等服务外，也要对其功能恰当定位与完善、系列化。如物流咨询、物流方案的选择与规划、库存控制策略建议等。

4. 作业规范化

现代物流强调功能、作业流程、作业、动作的标准化与程式化，使复杂的作业变成简单的易于推广与考核的动作。物流规范化可方便物流信息的实时采集与追踪，提高整个物流系统的管理和监控水平。

5. 目标系统化

现代物流从系统的角度统筹规划一个企业的各种物流活动，处理好物流活动与商流活动及企业目标之间、物流活动与物流活动之间的关系，不求单个活动的最优化，但求整体活动的最优化。

6. 手段现代化

现代物流使用先进的技术、设备与管理为销售提供服务，生产、流通、销售规模越大、范围越广，物流技术、设备及管理越现代化。计算机技术、通信技术、机电一体化技术、语音识别技术等得到普遍应用。

7. 组织网络化

随着经济社会的发展，物流的作用越来越凸显，这也对物流的效率方面提出了更高的要求。而完善的组织网络化是现代物流必须要加强的方面，只有具备健全的网络体系才能保证为产品促销提供快速、全方位的服务，才能使整个物流活动保持系统性、一致性，才能体现现代物流快速、机动等方面的优势。

(二)现代物流的经济价值

物流的经济价值主要体现为时间价值、场所价值、流通加工附加价值。

1. 时间价值

物从供应者到需求者之间有一段时间差,通过改变这一时间差所创造的价值是时间价值。通过物流活动获取时间价值的方式有以下三种。

(1)缩短时间创造价值。从全社会物流的总体来看,加快物流速度,缩短物流时间,可起到减少物流损失、降低物流消耗、增加物的周转、节约资金等积极作用,这是物流必须遵循的一条经济规律。

(2)弥补时间差创造价值。经济社会中,供给与需求之间普遍存在时间差,物流以科学、系统的方法弥补和改变这种时间差,以实现其"时间价值"。

(3)延长时间差创造价值。在某些具体的物流活动中,存在着人为地、能动地延长物流时间创造价值的现象,如常说的陈年美酒就是通过延长物流时间差而提高酒的价值。

2. 场所价值

我们一般说的场所价值主要指的是改变物从供应者到需求者之间的空间差而创造的价值。物流创造的场所价值是由现代社会产业结构、社会分工决定的,主要原因是供给和需求之间存在空间差。商品在不同地理位置上有不同的价值,通过物流将商品由低价值区转到高价值区,便可获得价值差,即"场所价值"。场所价值有以下三种形式。

(1)产品通过物流活动实现从集中生产场所流入分散需求场所,从而实现价值的提高。例如:山西省大量生产的煤炭,通过物流活动运到京津等煤炭需求大于生产的城市,价格就会提升。

(2)从分散生产场所流入集中需求场所创造价值。产品通过物流活动实现从分散生产场所流入集中需求场所,也会创造价值。例如:飞机、汽车等的零配件来自世界各地,在集中地组装后实现其使用价值,创造了价值。

(3)从低价值的生产流入高价值的需求创造场所价值。在经济全球化的浪潮中,国际分工和全球供应链的构筑,一个基本选择是在成本最低的地区进行生产,通过有效的物流系统和全球供应链,在价值最高的地区销售,使物流得以创造价值,得以增值。

3. 流通加工附加价值

有时,物流也可以创造流通加工附加价值。其实要说物流的本来职能并非加工,生产领域最常用的手段才是加工。但是,现代物流的一个重要特点就是根据自己的优势从事一定的补充性加工活动,也称为流通加工活动。这种加工活动不是创造商品的主要实体,形成商品的主要功能和使用价值,而是带有完善、补充、增加的性质,这种活动必然会形成劳动对象的流通加工附加价值。

第二节 物流的功能及其合理化

一、物流的功能

(一)运输功能

1. 运输的概念

根据中国国家标准《物流术语》(GB/T 18354—2006),运输是指用专用运输设备将物品从一地点向另一地点运送,其中包括集货、分配、搬运、中转、装入、卸下、分散等一系列操作。运输和搬运的区别在于,运输是在较大范围内进行的活动,而搬运是在同一场所之内进行的活动。

2. 运输的地位

运输的地位主要体现为以下几点。

第一,功能要素方面。运输是物流功能要素的一个组成部分。按物流的概念,物流是"物"的物理性运动,这种运动不但改变了物的时间状态,也改变了物的空间状态。运输是改变空间状态的主要手段,运输再配以搬运、配送等活动,就能圆满完成改变空间状态的全部任务。

第二,社会物质生产方面。运输在社会物质生产方面有着重要作用。马克思将运输称为"第四个物质生产部门",将运输看成是生产过程的继续。在生产过程中,运输是生产的直接组成部分,没有运输,生产内部的各环节就会断开,没有办法衔接运转;在社会上,运输连接生产与再生产、生产与消费环节,连接国民经济各部门、各企业。

第三,场所效用方面。场所效用的含义是:同种"物"由于空间场所不同，其使用价值的实现程度则不同，其效益的实现也不同。由于改变场所而最大限度地发挥使用价值，最大限度地提高了投入产出比，这就称为"场所效用"。通过运输，将"物"运到场所效用最高的地方，就能发挥"物"的潜力，实现资源的优化配置。从这个意义来讲，也相当于通过运输提高了物的使用价值。

第四，运输是"第三利润源"。这主要体现为以下几方面。

首先，运输与静止保管有着很大的差别，最主要的表现就是它是不断运动的活动。在这一运动中，随着时间、距离、运输方式等因素的影响，它会产生大量的消耗。凡事都有两面性，大量的消耗即意味着有着很大的节约空间。节约从某个角度讲，也是利润来源的一部分。

其次，从运费来看，运费在全部物流费用中占最高的比例，一般综合分析计算社会物流费用，运输费在其中约占50%，有些产品的运费甚至高于产品的生产费。所以节约的潜力很大。

最后，由于运输总里程长，运输总量巨大，通过体制改革和运输合理化可大大缩短运输吨千米数，从而获得比较大的节约。

（二）仓储功能

1. 仓储的概念

仓储是利用仓库及相关设施设备进行物品的入库、存储、出库的活动。"仓"也称为仓库，为存放物品的建筑物和场地，具有存放和保护物品的功能；"储"表示收存以备使用，具有收存、保管、交付使用的意思，当适用有形物品时也称为储存。"仓储"则为利用仓库存放、储存未即时使用的物品的行为。仓储管理是指对仓储设施布局和设计以及仓储作业所进行的计划、组织、协调与控制。

2. 仓储的基本功能

从物流系统角度看，仓储的功能可以按照其所实现的经济利益和服务利益加以分类。

(1)经济利益。仓储的基本经济利益体现为堆存、拼装、分类和交叉、加工或延期四个方面。

第一，堆存。仓储设施最明显的功能就是用于保护货物及整齐地堆放产品。其经济利益来源于通过堆存克服商品产销在时间上的隔离，克服商品生产在地点上的隔离，克服商品产销量的不平衡等来保证商品流通过程的连续性。

第二，拼装。拼装仓库接收来自一系列制造工厂指定送往某一特定顾客的材料，然后把它们拼装成单一的一票装运，其好处是有可能实现最低的运输费率，并减少在某收货站台处发生的拥塞，如图 2-1 所示。

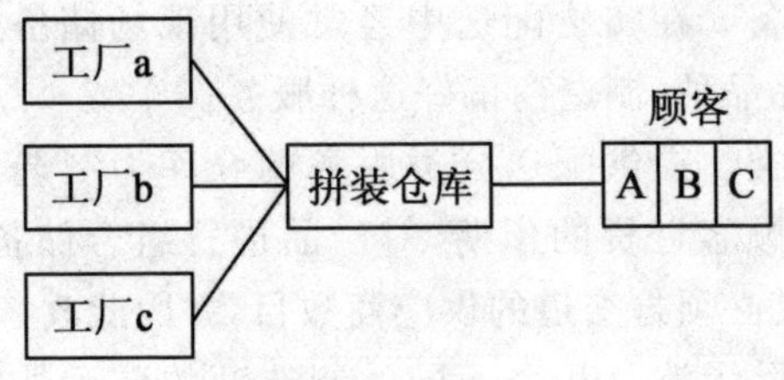

图 2-1 拼装作业

第三，分类和交叉。分类作业不同于拼装作业，它与拼装作业的工作程序正好是相反的。分类作业一般接收的是来自工厂的货物，从工厂把货物接收，按不同的类别进行入库，这是它的一个中转环节。当完成分类后再把这些货物按不同的订货分类装运到不同的客户处，如图 2-2 所示。由于长距离运输转移的是大批量货物，所以运输成本比较而言还是相对低廉的，同时，这也有利于对货物的运输状态有所跟进。

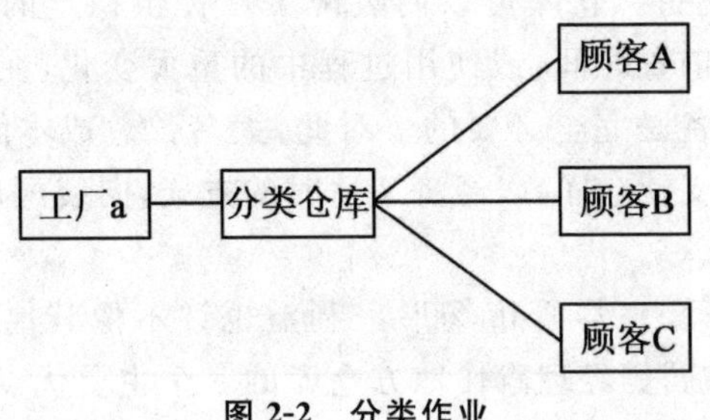

图 2-2 分类作业

当涉及多个制造商和多个顾客时，就需要采取交叉作业，如图 2-3 所示。

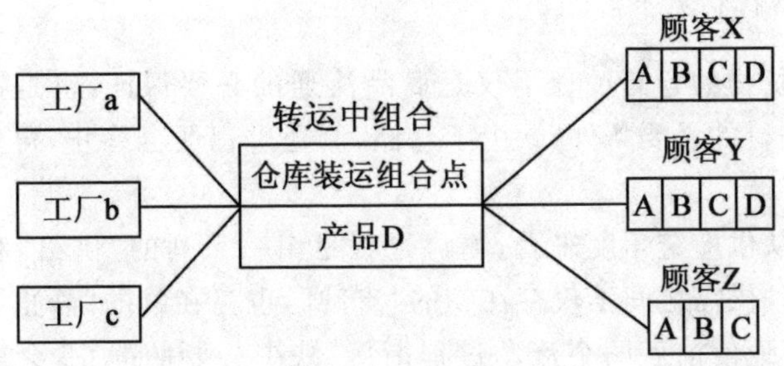

图 2-3 交叉站台作业

第四，加工或延期。仓库还可以通过承担加工或参与少量的制造活动，用来延期或延迟生产。具有包装能力或加标签能力的仓库可以把产品的最后一道生产一直推迟到知道该产品的需求时为止。

(2)服务利益。通过仓库实现的五个基本服务利益分别是:现场储备、配送分类、组合、生产支持以及市场形象。

第一,现场储备。在实物配送中经常使用现场储备,尤其是那些具有高度季节性的产品品种,制造商偏好这种服务。

第二,配送分类。提供配送分类服务的仓库为制造商、批发商或零售商所利用,按照对顾客订货的预期,对产品进行组合储备。配送分类仓库可以使顾客减少其必须打交道的供应商数目,并因此改善仓储服务。

第三,组合。除了涉及几个不同的制造商的装运外,仓库组合类似于仓库分类过程。当制造工厂在地理上被分割开来时,通过长途运输组合,有可能降低整个运输费用和仓库需要量。在典型的组合运输条件下,从制造工厂装运整卡车的产品到批发商处,每次大批量的装运可以享受尽可能低的运输费率。一旦产品到达组合仓库,卸下从制造工厂装运来的货物后,就可以按照每一个顾客的要求或市场需求,选择每一种产品的运输组合。

第四,生产支持。仓库可以向装配工厂提供稳定的零部件和材料供给。由于较长的前置时间,或使用过程中的重大变化,在向外界采购的基础上进行安全储备是完全必要的。对此,大多数总成本解决理论都建议,经营一个生产性支持仓库,以经济又适时的方式,向装配厂供应加工材料、零部件和装配件。

第五,市场形象。尽管市场形象利益也许不像其他服务利益那样明显,但是它常常被营销经理看作地方仓库的一个主要优点。地方仓库比起距离远的仓库,对顾客的需求反应更敏感,提供的递送服务也更快。因此,地方仓库将会提高市场份额,并有可能增加利润。

3. 仓储在物流中的作用

第一,货物的仓储过程不仅是商品流通的必要保证,也是社会再生产过程得以进行的必要条件,缺少了仓储,流通过程便会终止,再生产过程也将停止。

第二,从供应链角度来看,物流过程是由一系列的"供给"和"需求"组成的,在这种供需之间不仅存在物的"流动",也存在物的"静止",这种静止是为了更好地使前后两个流动过程衔接,缺少必要的静止,会影响物的有效流动。仓储环节正是起到了物流中的有效静止作用。

第三,货物在物流过程中,通过仓储环节,在进入下一环节前进行检验,可以防止伪劣商品混入市场。因此,为保证商品的质量,把好仓储管理这一关，以保证商品不变质、不受损、不短缺和有效的使用价值是非常重要的。

第四，商品在仓库内的滞留，表面上是流通的停止，而实际上恰恰促进了商品流通的畅通。一方面，仓储的发展，在调配余缺、减少生产和销售部门的库存积压，在总量上减少地区内商品存储量等方面起到了非常积极的作用。另一方面，仓储可以使商品在进入市场前完成整理、包装、质检、分拣、加标签等加工，能为商品流通缩短必要的时间。在市场经济中，时间成本的缩短也是变相地增加收益的一种体现，所以从这个角度来衡量仓储的作用也是有价值的。

（三）装卸搬运功能

1. 装卸搬运的概念

装卸是指物品在指定地点以人力或机械实施垂直位移的作业。搬运是指在同一场所内，对物品进行水平移动为主的作业。装卸搬运是在某一物流节点范围内进行的，以改变物料的存放状态和空间位置为主要内容和目的活动。

在实际操作中，装卸与搬运是密不可分的，两者是相伴发生的。搬运的“运”与运输的“运”区别之处在于，搬运是在同一地域的小范围内发生的，而运输则是在较大范围内发生的，两者是量变到质变的关系，中间并无一个绝对的界限。

2. 装卸搬运的特点

第一，装卸搬运是附属性、伴生性、衔接性的活动。

第二，装卸搬运不产生有形的产品，而是提供劳动服务。

第三，装卸搬运过程不消耗作业对象，不排放废弃物，不大量占用流动资金。

第四，装卸搬运增加了物流成本。

第五，装卸搬运作业具有均衡性与波动性。

第六，装卸搬运作业具有复杂性。

3. 装卸搬运机器及设施的配置

(1)在物流设施内的装卸搬运活动及机器配置。

装卸搬运在物流的整个过程中可以说是伴随始终的，为了节省一定的人力物力，一些装卸搬运设施是必不可少的。一般来说，物流设施都有着特定的用途，如机场、港口、转运站、配送中心等，这些有特定用途的物流设施都是根据处理货物种类、方式，与物流线路的衔接运输方式设计和建造的。在特定的物流设施中，往往配置最理想的专用物流机器，可以进行专业化的装卸搬运，形成完善的装卸搬运工艺，使这种特定物流设施中有很高的工作效率和很完善的机械配置。

物流设施内的高站台和低站台对应的装卸方法、装卸机械及适合的对象货物见表 2-1。

表 2-1　物流设施内外装卸方法及机器选用

<table>
<tr><th colspan="2">场　所</th><th>装卸方法</th><th>装卸机组</th><th>对象货物</th></tr>
<tr><td rowspan="6">物流设施内</td><td rowspan="3">高站台</td><td>人力装卸</td><td></td><td>少量货物</td></tr>
<tr><td>利用搬运装卸机械装卸</td><td>手推车、搬运车、手推平板车、电动平板车、带轮的箱式托盘</td><td>一般货物、托盘货物</td></tr>
<tr><td>输送机装卸</td><td>动力式输送机</td><td>箱装货物、瓦楞纸箱</td></tr>
<tr><td rowspan="3">低站台</td><td rowspan="2">叉车装卸</td><td>叉车＋侧面开门的车身</td><td rowspan="2">托盘货物</td></tr>
<tr><td>叉车＋托盘等带移动装置的车体</td></tr>
<tr><td>输送机装卸</td><td>动力式输送机</td><td>箱装货物、瓦楞纸箱</td></tr>
<tr><td colspan="2" rowspan="3">物流设施外</td><td>人力装卸</td><td>（和重力式输送机并用）</td><td>一般杂货</td></tr>
<tr><td rowspan="2">机械装卸（利用卡车上装设的装卸机械）</td><td>卡车携带小型吊车</td><td>机械类托盘货物、建筑材料</td></tr>
<tr><td>自动杆升降板装置</td><td>桶罐、储气罐、小型搬运车或带轮箱式托盘货物和手推板车</td></tr>
</table>

（2）在物流设施外的装卸搬运活动及机器。

一般而言，这个领域装卸是成本较高、装卸水平较低的，在物流过程中是制约物流总水平提高的领域。在物流设施外的装卸是经常遇到的如家庭、个别商店、一般工厂等，没有专门的设施和专用装卸机具，在这种情况下装卸方式有以下三种。

第一，人力装卸，人力配合移动机具搬运。除去全部利用人力外，还可采用手动叉车、移动式输送机升降台车和手推车等机具配合。

第二，随车的装卸工具装卸。主要有三种装置，一种是车载小型卡车吊，可有效完成设施外装卸；一种是车尾部升降板。

第三，租用装卸机械装卸。自动翻卸、自动收集垃圾、自动吸排污物、带辊道输送带等专用车辆，到目的地后可完成一部分装卸搬运的操作。租用装卸机械是常用的办法，尤其是不经常发生的重型货物装卸，则需要租用专用吊车，这会造成装卸费用的大幅度上升，是设施外装卸很难克服的缺点。

(四)包装功能

1. 包装的概念

关于包装的定义，不同的国家有不同的理解和解释。

美国对包装的定义为：包装，是使用适当的材料、容器而施以技术，使其能将产品安全到达目的地，即在产品输送过程中的每一个阶段，不论遭受到怎样的外来影响，均能保护其内装物，不影响产品的价值。

日本对包装的定义为：包装是指物品在运输、保管等过程中，为保护其价值和状态而对物品施以适当的材料、容器等的技术及实施的状态。

我国对包装的定义是：为在流通过程中保护产品、方便储运、促进销售，按一定技术方法而采用的容器、材料及辅助物等的总体名称。也指为了达到上述目的而采用容器、材料和辅助物的过程中施加一定技术方法等的操作活动。简言之，包装就是包装物和包装操作的总称。现代物流认为，包装与物流的关系相比其与生产的关系更为紧密。

2. 包装的主要功能

第一，对商品起到一定的保护作用。商品包装的一个重要功能就是要保护包装内的商品不受损伤。在商品运输、储存过程中一个好的包装，能够抵挡侵袭因素。在设计商品的包装时，要做到有的放矢，要仔细分析商品可能会受到哪些方面的侵扰，然后针对这些方面来设计商品的包装。

第二，在流通过程中方便物流。商品包装的一个重要作用就是提供商品自身的信息，如商品的名称、生产厂家和商品规格等，以帮助工作人员区分不同的商品。在传统的物流系统中，商品包装的这些功能可以通过在包装上印刷商品信息的方式来实现，如今，随着信息技术的发展，更多使用的是条形码技术。条形码技术可以极大地提高物流过程的整体效率。

第三，提升商品的销售量。一般来说，商品的外包装必须适应商品运输的种种要求，更加注重包装的实用性。而商品的内包装要直接面对消费者，必须注意它外表的美观大方，要有一定的吸引力，促进商品的销售。商品的包装就是企业的面孔，优秀的、精美的商品包装能够在一定程度上促进商品的销售,提高企业的市场形象。

第四,满足更多顾客的使用需求。随着市场经济的发展,为了满足不同顾客的不同需求,更多个性化的商品不断涌现,此时包装也是多种多样,但是企业对商品包装的设计工作在这种个性化服务的趋势下更应该考虑顾客的使用需求,要与顾客使用时的搬运、存储设施相适应,不能只是为了好看而忽略其实用性。

3. 包装的标志

包装的标志,是用来指明包装内容物的性质,为了运输、装卸搬运、储存、堆码等的安全要求或理货分运的需要,在外包装上用图像或文字标明的规定记号。它包括指示标志和危险品标志两类。

第一,指示标志。指示标志是为了保证不同流通环节的操作者的方便而做的图像、文字记号。它反映的内容主要是指示商品性质和商品的堆放、开启、吊运等方法。

第二,危险品标志。用来表示该种危险品的物理、化学性质以及其危险程度的图像和文字记号。反映的主要内容有爆炸品、易燃品、有毒品和腐蚀品等。

标志的尺寸一般分为三种,见表 2-2。

表 2-2 包装标志尺寸

号别尺寸	长/mm	宽/mm
1	105	74
2	148	105
3	210	148

标志的使用方法有以下几种。

第一,用坚韧纸张、木板、塑料或铁皮写描或印刷标志,拴挂、钉附或粘贴在包装上。

第二,用坚韧纸片、铁皮刻出标志漏板,刷在包装上。

第三,做标志模印,打印在包装上。

第四,在包装上直接写描标志。

第五,标志颜色与标底颜色要明显区别开,易于看清。

第六,标志位置一般应在包装两端或两侧上部。

第七,特定的指示标志,如"由此吊起""重心点"等的标志位置应在包装的实际位置上。标志图样举例,如图 2-4 所示。

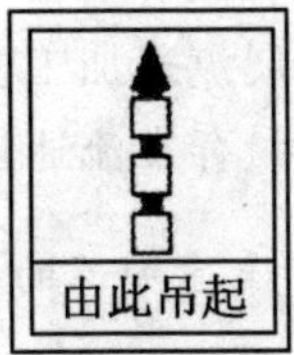

图 2-4　常用包装标志图例

4. 包装的用纸和纸板的种类

包装的用纸具有价格低廉、易于成型、折叠性能好等优点。包装用纸可分为一般包装纸、牛皮纸和纸袋纸等，具体见表 2-3。

表 2-3　包装用纸和纸板的种类

包装用纸			包装用纸板	
一般包装纸	特殊包装纸	包装装潢纸	普通纸板	特殊纸板
牛皮纸 纸袋纸	玻璃纸 羊皮纸 透明纸 油纸 耐酸、碱纸 气相防锈纸	印花纸 胶版纸 铜版纸 表涂层纸	箱板纸 黄板纸 白板纸	瓦楞原纸 瓦楞纸板 蜂窝纸板

需要指出的是，纸质包装材料也有缺点，如受潮后牢固度下降，会翘曲干裂，气密性、防潮性、透明性差，受外界机械力作用易破碎等。

(五)流通加工功能

1. 流通加工的概念

流通加工是指物品在从生产地到使用地的过程中，根据顾客的需要施加包装、分割、计量、分拣、刷标志、拴标签、组装等作业的总称。

流通加工是流通中的一种特殊形式。商品流通是以货币为媒介的商品交换，它的重要职能是将生产及消费联系起来，起“桥梁和纽带”作用，完成商品所有权和实物形态的转移。因此，流通与流通对象的关系，一般不是改变其形态从而创造价值，而是保持流通对象的已有形态，完成窄向的位移，实现其“时间效用”及“场所效用”。

随着经济增长,国民收入增多,消费者的需求出现多样化,促使在流通领域开展流通加工。目前,在世界许多国家和地区的物流中心或仓库经营中都大量存在流通加工业务,在日本、美国等物流发达国家则更为普遍。

2. 流通加工的作用

流通加工的主要作用是弥补生产加工的不足,满足客户的多样化需求,同时提高产品的附加价值。

(1)方便物流中的运输、保管。如:自行车在流通领域的组装,就是为了方便运输及保管中的码放,同时有效利用运输空间和仓库保管空间。

(2)满足客户的多样化需求。随着生产的规模化、效率化和消费者需求的个性化发展,批量生产的产品很难满足个性化需求,这就需要在流通领域进一步加工,以满足不同客户群体的需要,如在流通领域中的大包装拆小包装等。目前,这一作用引起了我国一些生产企业的重视,它们纷纷成立流通加工公司。如首钢公司就成立了物流公司,主要负责钢材的流通加工和运输。

(3)提高产品的附加值。流通加工不仅可以完善产品的使用价值,同时还能提高产品的价值,从而产生附加价值。如:葵花子、栗子等农副产品,在流通领域中经过去壳、分装等处理就可以使其价值倍增,提高其附加价值。

(六)配送功能

1. 配送的概念

配送是物流中一种特殊的、综合的活动形式,是商流与物流的紧密结合。配送是指在经济合理区域范围内,根据客户要求,对物品进行拣选、加工、包装、分割、组配等作业,并按时送达指定地点的物流活动。配送是"配"和"送"有机结合的形式,是以满足客户的需求为出发点的,在正确的时间、正确的地点,将正确的商品送到正确的客户手中。

2. 配送的作用

第一,有效的配送是降低商品成本的重要途径。首先,配送是物流活动的主要环节,其费用占总物流费用较大的比重,而物流费用又是商品成本的主要组成部分之一,因此配送费用是直接影响商品价值的较为重要的因素;其次,配送还会影响其他物流环节和生产过程,间接地影响商品成本。如果配送或到货不及时,为了保证生产,必须增大库存量,否则会造成缺货而停产，但增大库存量和因缺货而停产都会导致商品成本上升。

第二，合理配送提高了末端物流的经济效益。配送环节处于支线运输，灵活性、适应性、服务性都较强，能将支线运输与小搬运统一起来，使运输过程得以优化和完善。它采取将各种商品配齐集中起来向用户发货和将多个用户小批量商品集中在一起进行发货等方式，以提高末端物流经济效益。

第三，现代配送促进了零售业态的发展。现代商品零售业态主要有超级市场、专卖店、便利店、百货店等。这些零售业态的形成与发展，是生产制造业的发展和消费的不断变化共同作用的结果，中间环节的物流业发挥了重要的促进作用，特别是运输和配送。当今，零售业态发展最具代表性的是连锁店。连锁店实际是某种零售业态的联合体，目的是追求规模效益。实现连锁的重要条件之一是商品的合理配送，不仅能按时、按质、按量地把商品送到零售点上，而且通过在配送中心的流通加工、分割、包装、贴标等作业更方便消费者购买，还能给消费者提供购买所需要的信息，更好地满足消费者的个性化需求，从而促进了商品的销售。

二、物流功能的合理化

（一）运输功能的合理化

1. 不合理运输的类型及特点

第一，舍近求远运输。舍近求远运输是指销地完全有可能由距离较近的供应地购进所需要的相同质量的物美价廉的货物，却超出货物合理流向的范围，从远距离的地区运进来；或两个生产地生产同一种货物，它们不是就近供应邻近的消费地，却调给较远的其他消费地。舍近求远运输占用运力时间长、运输工具周转慢、物资占压资金时间长，远距离自然条件相差大，又易出现货损，增加了费用支出。

第二，迂回运输。不经由最短径路的绕道运输。一般是由于自然灾害或其他事故的阻碍、线路或航道通过能力的限制、交通法令的限制或货物性质的特殊要求等原因造成的。如果是运输部门计划、组织工作不当或物资部门选择运输径路不合理所引起的迂回运输，则是一种不合理运输。尽管有些迂回运输有其必要性，但终究会引起运输能力的浪费、运输费用的增加和货物在途时间的延长，故应尽量避免。在交通网发达，特别是拥有环状交通线时，迂回运输是最容易出现的。

第三，相向运输。相向运输又称为“对流运输”。指同一品种、同一规格或可以互相代替的物资，在同一线路或两条平行运输线路上的相向运输。相向运输有两种类型，一种是明显的相向运输，即在同一路线上的相向运输。另一种是隐蔽的相向运输，即同一种货物在违反近产近销的情况下，沿着两条平行的路线朝相对方向的运输，由于它不易被发现，故称为隐蔽的相向运输，在作城市和区域布局规划的货流分析时，必须予以注意。

第四，重复运输。重复运输是指一种货物本可直达目的地，但由于批发机构或商业仓库设置不当，或计划不周而在中途停卸重复装运的不合理运输现象。重复运输，一般虽未延长里程，但增加了中间装卸环节，延长了货物在途时间，增加了装卸搬运费用，而且降低了车、船使用效率，影响其他货物运输。

第五，未能合理使用交通工具的运输。不同运输方式各有其优缺点，故在分配货流时，应根据使各种交通工具取长补短、相互协作、综合利用的原则，否则会造成浪费。

第六，倒流运输。倒流运输是指货物从销地或中转地向产地或起运地回流的一种不合理运输现象。这种现象也常常表现为对流运输或迂回运输。其不合理程度要甚于对流运输，其原因在于，往返两程的运输都是不必要的，形成了双程的浪费。倒流运输也可以看成隐蔽对流的一种特殊形式。

2. 实现运输合理化的措施

第一，合理布局生产力，不断改善交通网络。合理布局生产力核心要求就是使生产和消费在地域上尽量结合起来，以达到由原料采掘，半成品加工，成品制成到产品消费所消耗的运输劳动最小。交通网络是货流移动的渠道，根据国民经济和生产布局的要求，加强新交通线网建设，并使旧的交通网完善化，可从方向上和运力上大大保证合理运输的实现。

第二，恰当布置仓储中心或配送中心，合理规划运输路线。恰当布置仓储中心或配送中心对于运输的合理化具有非常大的影响。树立全局观念，加强产运销协作，推行物资调运合理化，是合理组织货流的关键。合理规划运输路线，包括在国民经济计划和区域规划基础上，规定主要物资的合理流向，制定基本流向图或标准货流图。

第三，提高运输工具实载率。充分利用运输工具的额定能力，减少车船空驶和不满载行驶的时间，减少浪费，从而求得运输的合理化。

第四，通过流通加工，使运输合理化。有不少产品，由于产品本身形态及特性问题，很难实现运输的合理化，如果进行适当加工，就能够有效解决合理运输问题，例如将造纸材在产地预先加工成干纸浆，然后压缩体积运输，就能解决造纸材运输不满载的问题；轻泡产品预先捆紧包装成规定尺寸，装车就容易提高装载量；水产品及肉类预先冷冻，就可提高车辆装载率并降低运输损耗。

第五，应用现代信息技术，提升运输效率。信息技术的发展及其在道路货运企业中的应用给物流运输合理化的实现提供了有力的保障。条形码技术、地理信息系统（GIS）、移动通信等信息技术，改变了传统运输业的生产、管理和服务，逐步向以信息资源为基础的智能化新型交通运输业发展。

第六，加快物流企业兼并重组，整合物流资源，发展社会化的运输体系。目前，我国物流业振兴规划里面的一项重大任务就是要加快物流企业的兼并重组，做强、做大物流企业，提高它的抗风险能力。打破一家一户自成运输体系的状况，运输社会化是运输业发展的趋势。

（二）仓储功能的合理化

仓储合理化的实质是在保证仓储功能实现前提下投入要尽量的少，也就是要实现少投多产。

1. 仓储合理化的标志

第一，质量标志。保证被储物的质量，是完成仓储功能的根本要求，只有这样，商品的使用价值才能通过物流之后得以最终实现。在仓储中增加了多少时间价值或是得到了多少利润，都是以保证质量为前提的。

第二，数量标志。在保证功能实现前提下有一个合理的数量范围。

第三，时间标志。在保证功能实现前提下，寻求一个合理的仓储时间，这是和数量有关的问题，仓储量越大而消耗速率越慢。

第四，结构标志。是从被储物不同品种、不同规格、不同花色的仓储数量的比例关系对仓储合理性的判断，尤其是相关性很强的各种货物之间比例关系能反映仓储合理与否。

第五，分布标志。指不同地区仓储的数量比例关系，以此判断当地需求比，以及对需求的保障程度，也可以此判断对整个物流的影响。

第六，费用标志。考虑仓租费、维护费、保管费、损失费、资金占用利息支出等，才能从实际费用上判断仓储的合理与否。

2. 实现仓储合理化的措施

第一，采用有效的“先进先出”方式。“先进先出”是一种有效的方式，它可以保证每个被储物的仓储期不至于过长，也成了仓储管理的准则之一。比如计算机存取系统，采用计算机管理，在存时向计算机输入时间记录，编入一个简单的按时间顺序输出的程序，取货时计算机就能按时间标志给予指示，以保证"先进先出"。

第二，适度集中库存。适度集中库存可以加速物资总的周转，提高单位产出。具体做法诸如采用单元集装存储，建立快速分拣系统，都利于实现快进快出，大进大出。

第三，减少仓储设施投资，提高单位仓储面积的利用率，以降低成本、减少土地占用。

第四，采用有效的仓储定位系统。仓储定位系统可采取先进的计算机管理，也可采取一般人工管理，行之有效的方式主要有"四号定位"方式和计算机定位系统。

第五，采用有效的监测清点方式。比如，在被储物堆垛时，以"五"为基本计数单位，堆成总量为"五"的倍数的垛形，如梅花五、重叠五等，堆码后，有经验者可过目成数，大大加快了人工点数的速度，且减少差错。

（三）装卸搬运功能的合理化

1. 装卸搬运合理化的体现

装卸搬运合理化是指以尽可能少的人力和物力消耗，高质量、高效率地完成仓库的装卸搬运任务，保证供应任务的完成。具体表现为以下几点。

第一，装卸搬运次数较少。尽量不装卸搬运或尽量减少装卸搬运的次数，因为次数越多，对货物损害的危险性就越大，成本也越高。

第二，装卸搬运距离最短。以最短的距离完成装卸搬运，节省时间，提高工作效率。

第三，各作业环节衔接表现良好。作业场所无障碍、作业不间断、作业通道畅通。做好计划工作，缩短等待时间。

第四，装卸搬运活性指数较高、可移动性强。物品的堆放、包装要符合标准，要与装卸搬运工具匹配，要方便移动。

2. 实现装卸搬运合理化的措施

在装卸搬运活动中，应科学地、合理地组织装卸搬运过程，尽量减少用于装卸搬运的劳动消耗。以下是常用的合理化措施。

第一，防止和消除无效作业。有效作业原则是指所进行的装卸搬运作业是必不可少的，尽量减少和避免不必要的装卸搬运，只做有用功，不做无用功。无效作业即是指在装卸作业活动中超出必要的装卸搬运量的作业。

防止和消除无效作业对装卸作业的经济效益有重要作用。

第二，提高装卸搬运灵活性。装卸搬运的灵活性也称为活载性或活性。当我们在堆放货物时第一个必须要考虑的就是装卸搬运的便捷性，被装卸搬运物料的放置处于什么状态，关系着装卸搬运作业效率。为便于装卸搬运，总是期望物料处于最容易被移动的状态。日本物流专家远藤健儿教授把物料放置的活载程度分为0、1、2、3、4共5个等级，该数值称为活载性指数或活性指数。物料的活性等级与状态，见表2-4。

表2-4　物料的活性等级与状态

活性等级	物料状态
0级	物品杂乱地堆放在地上
1级	物品装箱或经捆扎后
2级	箱子或被捆扎后的物料，下面放有枕木、垫板或托盘，便于叉车或其他机械作业
3级	物品放于台车或用起重机吊钩钩住，即可以移动的状态
4级	待装卸、搬运的物品已经被起动，可直接作业的状态

一般情况来说，活性等级越高越好，但是实施的可能性也是不能忽略的因素。例如，物料在储存阶段中，活性指数为4级的输送带和活性指数为3级的车辆，在一般的仓库中被采用的就很少，这是因为大批量的物料不可能存放在输送带和车辆上。

第三，实现装卸搬运作业省力化。我们所说的省力，包括节省动力和人力两方面。集装化装卸、多式联运、集装箱化运输、托盘一贯制物流等都是有效的做法；滑槽、滑板等工具的利用、斜坡式减轻负重等也体现了省力的理念。

省力化装卸搬运我们一般都会遵循能往下则不往上、能直行则不拐弯、能用机械则不用人力、能水平则不上坡、能连续则不间断、能集装则不分散的原则。

第四，实现装卸作业机械化。装卸搬运机械化是提高装卸效率的重要环节。随着生产力的发展，装卸搬运的机械化程度肯定会不断提高。此外，由于装卸搬运的机械化能把职工从繁重的体力工作中解放出来，尤其对于危险品的装卸作业，机械化能保证人和货物的安全，也是装卸搬运机械化程度得以不断提高的动力。

装卸机械化程度一般分为三个级别：第一级是用简单的装卸器具；第

二级是使用专用的高效率机具;第三级是依靠计算机控制实行自动化、无人化操作。以哪一个级别为目标实现装卸机械化,不仅要从是否经济合理来考虑,还要从加快物流速度、减轻劳动强度和保证人与物的安全等方面来考虑。

(四)包装功能的合理化

1. 物流流通环境对包装件的影响

包装件在流通中所经历的一切外部因素称为流通环境条件。只有对实际物流流通环境进行具体分析,才能实现对包装的合理化要求。

物流流通环境可以概括为两个方面:一是机械环境,二是气候环境。

第一,机械环境对包装件的影响。机械环境对包装件的影响主要是指运输工具在运输过程中或货物在装卸搬运的过程中对产品造成的损害。这种损害主要来源于两个方面:冲击和振动。

冲击是一瞬间的、猛烈的机械运动,即物体在极短的时间内发生很大的速度变化或完成突然的能量转化。包装件的冲击主要发生在运输及装卸作业过程中,可分为垂直冲击和水平冲击。垂直冲击主要是搬运、装卸、起吊时突然跌落引起的;水平冲击主要发生于各种运输工具行驶过程中,突然启动、变速、转向、刹车、溜放、着陆、靠岸时。

振动是指质点相对其平衡位置所做的往复运动,影响包装产品振动的因素主要来自运输工具的种类、运输环境状况、包装结构形式、装载重量等。汽车、火车、船舶和飞机等运输工具运行时受到路面状况、路轨接缝、发动机振动、车辆避震性能、水面风浪、空中气流等的影响,产生周期性上下颠簸和左右摇晃。为避免机械环境对包装产品造成影响,在设计物流包装时要使用缓冲包装技术和方法。

第二,气候环境对包装件的影响。流通的气候环境主要是指温度、湿度、霉菌、盐雾、气压、太阳辐射、化学气体等对包装容器及产品质量的影响。

2. 物流包装合理化的措施

(1)包装标准化。包装的规格与托盘、集装箱关系密切,应考虑到与运输车辆、搬运机械的匹配,从系统的观点制定包装的尺寸标准。为避免物品在储运过程中的损害,应采取标准的包装技法。

(2)包装的轻薄化。在强度、寿命、成本相同的条件下,应采用更轻、更薄、更短、更小的包装,可以提高装卸搬运的效率。同时也要避免过度包装，造成材料的浪费。

(3)包装与物流其他环节的配合。包装是物流系统组成的一部分，需要和装卸搬运、运输、仓储等环节一起综合考虑、全面协调。

从运输的角度来看，运送工具的类型、输送距离的长短、道路情况等对包装都有影响。

从仓储的角度来看，在确定包装时，应根据不同的保管条件和方式而采用与之相适合的包装强度。在商品存储过程中，良好的包装能实现防潮、防虫、防盗及具有一定的堆码强度，保证存储期间产品性能不受影响，为保管工作提供了方便；包装物的各种标志使仓库管理者易于识别、存取、盘点。

从装卸搬运的角度来看，不同的装卸方法对包装有着不同的要求。目前我国铁路运输，特别是汽车运输，还大多采用手工装卸，因此，包装的外形和尺寸就要适合于人工操作。此外，装卸人员素质低、作业不规范也直接引发商品损失。

(4)包装材料要有利于环保。包装是产生大量废弃物的环节，处理不好可能造成环境污染。包装材料最好可反复多次使用并能回收再生利用；在包装材料的选择上，还要考虑对人体健康不产生影响，对环境不造成污染，也就是“绿色包装”。

(五)流通加工功能的合理化

1. 不合理的流通加工形式

不合理的流通加工形式会使企业成本加大，是我们为了提高企业经济效益要高度予以关注的。具体来说，不合理的流通加工形式包括以下两方面。

第一，不合理的流通加工地点。流通加工地点的位置选择是决定整个流通加工环节是否有效的重要因素。一般来说，为衔接单品种大批量生产与多样化需求的流通加工，加工地点设置在需求地区，才能实现大批量的干线运输与多品种末端配送的物流优势。如果将流通加工地设置在生产地区，一方面，为了满足用户多样化的需求，会出现多品种、小批量的产品由产地向需求地的长距离运输；另一方面，在生产地增加了一个加工环节，同时也会增加近距离运输、保管、装卸等一系列物流活动。所以，在这种情况下，最好由原生产单位完成而无须设置专门的流通加工环节。

第二，不合理的加工方式。流通加工方式包括流通加工对象、流通加工工艺、流通加工技术、流通加工程度等。流通加工方式的确定实际上是与生产加工的合理分工。分工不合理，把本来应由生产加工完成的作业错误地交给流通加工来完成，或者把本来应由流通加工完成的作业错误地交给生产过程去完成，都会造成不合理。

2. 实现流通加工合理化的途径

第一，加工和配送结合。就是将流通加工设置在配送点中。一方面按配送需要进行加工，另一方面加工又是配送作业流程中分货、拣货、配货的重要一环，加工后的产品直接投入到配货作业，这就无须单独设置一个加工的中间环节，而使流通加工与中转流通巧妙地结合在一起。由于配送之前有必要的加工，可以使配送服务水平大大提高，这是当前合理选择流通加工的重要形式，在煤炭、水泥等产品的流通中已经表现出较大的优势。

第二，加工和配套结合。"配套"是指对使用上有联系的用品集合成套地供应给用户使用。当然，配套的主体来自各个生产企业，但有的配套不能由某个生产企业全部完成，还需其他企业配合加工合作。这样，在物流企业进行适当的流通加工，可以有效地促成配套，大大提高流通作为供需桥梁与纽带的能力。

第三，加工和合理运输结合。流通加工能有效衔接干线运输和支线运输，促进这两种运输形式的合理化。利用流通加工，在支线运输转干线运输或干线运输转支线运输等必须停顿的环节，不进行一般的支转干或干转支，而是按干线或支线运输合理的要求进行适当加工，从而大大提高运输及运输转载水平。

第四，加工和合理商流结合。流通加工也能起到促进销售的作用，从而使商流合理化，这也是流通加工合理化的方向之一。加工和配送相结合，通过流通加工，提高了配送水平，促进了销售，使加工与商流合理结合。此外，通过简单改变包装加工形成方便的购买，通过组装加工解除用户使用前进行组装、调试的难处，都是有效促进商流的很好例证。

(六)配送功能的合理化

1. 配送合理化的标志

第一，库存标志。具体指标主要有库存总量及库存周转。配送前各用户库存量之和应大于配送后配送中心库存数量与各用户库存数量之和。库存周转一般总是快于原来各企业库存周转。各用户在实行配送前后的库存周转比较，是判断合理与否的标志。

第二，资金标志。总的来讲，配送应有利于降低资金的占用及资金的周转。合理的配送应能充分发挥资金的作用，同样数量的资金，通过配送，在较短时期内就能满足一定的供应要求。

第三，成本和效益标志。总效益、宏观效益、微观效益、资源筹措成本都是判断配送合理化的重要标志，配送企业、用户不但要看配送的总效益，还要看对社会的宏观效益及双方的微观效益。

第四，供应保证标志。合理的配送应能提高供应能力，比如缺货次数的减少、即时配送能力的提高等。配送企业的供应保障能力，是一个科学的合理的概念。追求供应保障能力的合理化也是有限度的，如果供应保障能力过高，超过了实际的需要，就属于不合理。

第五，物流合理化标志。配送必须有利于物流合理。这可以从以下几方面判断：是否降低了物流费用；是否减少了物流损失；是否加快了物流速度；是否发挥了各种物流方式的最优效果：是否有效衔接了干线运输和末端运输；是否不增加实际的物流中转次数；是否采用了先进的管理方法及技术手段。物流合理化的问题是配送要解决的大问题，也是衡量配送本身的重要标志。

2. 配送合理化的措施

第一，合理规划配送中心。配送中心的网络规划与仓库网络规划相似，也必须考虑配送中心数量与物流总成本之间的关系，在满足客户配送需求的前提下，使配送成本尽可能降低。

第二，开展共同配送。共同配送能在提高物流效率、企业资金利用率、促进输送单位大型化和信息网络化的发展中发挥作用。通过共同配送扩大了多频度、小单位配送顾客服务的范围，提高了企业的客户服务水平。共同配送排除了交错运输，减少了在途车辆，可以有效缓和交通以及防治环境污染等。

第三，科学制定配送计划。在制定配送计划时应对配送七要素深入了解并加以分析整理。配送七要素主要是商品、客户、车辆、人员、路线、地点、时间，其中时间不仅指在途时间，还包括搬运装卸时间。

第四，优化配送路线。采用科学合理的方法来确定配送路线，是配送活动中非常重要的一项工作。确定配送路线的方法较多，有综合评价法、线性规划法、网络图法和节约里程法等。但不管采用何种方法都必须注意以下几点：满足所有收货人对商品品种、规格、数量的要求；满足收货人对商品送达时间范围的要求；在允许通行的时间段内进行配送；各配送路线的商品量不得超过车辆容积和载重量的限制；在配送中心现有运力允许的范围内。

第五，提高配送车辆车载率。配送的主要特点之一，是所配送商品通常品种较多，但每种商品的数量又不多，采用轻重商品配装法，充分利用车辆的容积和载重量，是降低配送成本的重要手段之一。

本章小结

本章研究的是现代物流的理论基础，主要从现代物流的基本内涵、物流的功能及其合理化两方面展开。现代物流的基本内涵主要探究了物流的产生与发展、物流的基本概念及分类、现代物流的特点及经济价值。物流的功能及其合理化主要详论了物流的六大功能，并针对不同功能研究了其合理化的一些措施。

第三章 物流管理的实务分析

物流是十大振兴产业之一，其在促进产业结构调整、转变经济发展方式和增强国民经济竞争力等方面发挥着巨大作用，它的发展水平是衡量一个国家现代化程度和综合国力的重要指标之一。因此，加强物流管理就有着一定的必要性。本章主要从物流的组织管理、成本管理、质量管理三方面对物流管理的实务分析进行研究。

第一节 物流组织管理

一、物流组织概述

物流组织指的是专门从事物流经营和管理活动的组织机构，它既包括企业内部的物流管理和运作部门、企业间的物流联盟组织，也包括从事物流及其中介服务的部门、企业以及政府物流管理机构。

物流组织的产生和发展是人们对物流认识不断提高的结果。20 世纪 50 年代以前，物流仅仅被看作生产和流通的附属职能，物流的组织责任遍布企业或工厂的各个部门，企业没有正式统一的物流组织，物流是分散在组织内不同职能中的一系列互不协调的、零散的活动，企业物流处于职能分散化、管理分离化的阶段。20 世纪 50 年代末，企业出现了对物流活动的归类，将两个或更多的物流功能在运作上进行归组，这才真正拉开了企业物流组织发展的序幕。从欧美国家物流发展的历史和实践来看，物流组织的演进大体可分为以下四个阶段。

第一，物流功能集成化发展阶段。20 世纪 60 年代初期开始出现的集成很少改变企业传统的部门和组织层次，往往只发生在同一职能部门和组织的直线管理层。20 世纪 70 年代后，随着企业的集成运作、物流成本的降低和物流经验的提高，围绕着客户的物资配送组织地位上升，在企业的组织结构中并行于制造、销售和财务管理部门，并且物资配送和生产组织下的物料管理一体化也得到了发展。

第二，物流功能一体化组织阶段。20 世纪 80 年代初，物流功能一体化组织出现。物流组织结构强调了物流资源计划对企业内部物流一体化的重要作用,同时也强调了各物流支持部门与物流运作部门的直接沟通。但是由于集中化物流运作过程中有着各种各样的困难,以及这一类组织结构本身存在的一些缺陷,它的应用还是比较局限,并没有达到普及的程度。

第三,物流过程一体化组织阶段。20 世纪 90 年代以来,在彼得·圣吉的学习型组织理论以及迈克尔·哈默和詹姆斯·钱皮的企业流程再造理论的影响与指导下,扁平化、授权、再造和团队的思想为越来越多的企业所理解及接受,企业的组织进入了一个重构的时代。物流组织不再局限于功能集合或分隔的影响,开始由功能一体化的垂直层次结构向以过程为导向的水平结构转换。

第四,虚拟与网络化物流组织阶段。20 世纪 90 年代中期以后,信息和网络技术的快速发展为虚拟与网络化物流组织的产生和发展提供了外部环境,特别是在企业引入了供应链管理的理念后,物流将从单个企业扩展到供应链上的所有企业,虚拟与网络化物流组织将可能成为更加有效的物流组织运作形式。网络化物流组织将单个实体或虚拟物流组织以网络的形式紧密联合在一起,是以联合物流专业化资产,共享物流过程控制和完成共同物流目的为基本特性的组织管理形式。

二、物流的组织结构

组织结构是组织的骨架,包括纵向、横向两大系统。纵向是组织上下垂直机构或人员之间的联系,是一种领导与隶属的关系;横向是平行机构或人员之间的联系,是一种分工与协作的关系。

物流组织结构指物流企业及有关物流分支机构为了实现组织目标,使组织内部有效运作以及与环境相互适应,通过分工协作而设置的职能部门和管理层级。

(一)传统物流组织结构

1. 直线型物流组织结构

直线型物流组织结构是最简单的一种组织结构形式,其从最高层到最低层采取垂直、集权的管理模式,如图 3-1 所示。

直线型物流组织结构的优点:

第一,物流组织结构设置简单,责任明确,可减少工作中扯皮情况的出现。

第二，组织权力集中，命令统一，物流活动效率高。

第三，物流管理人员少，管理费用少。

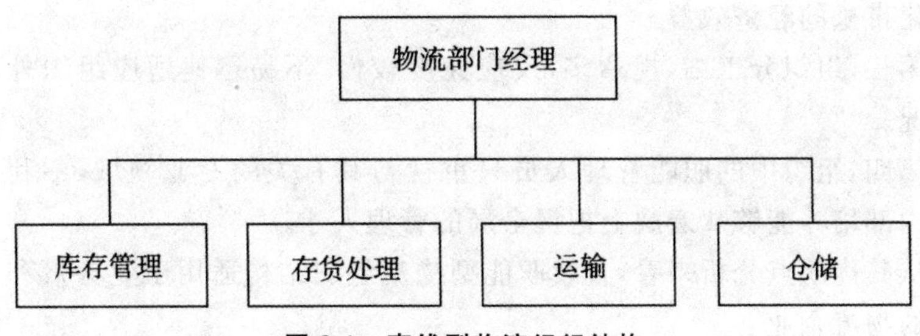

图 3-1　直线型物流组织结构

直线型物流组织结构的缺点：

第一，权力过分集中，物流经理决策的风险较大。

第二，组织成员只关心自身或本部门的工作，缺乏横向间的协调。

从其优缺点分析来看，直线型物流组织结构适用于业务量少、规模小的物流企业。

2. 直线职能型物流组织结构

直线职能型物流组织结构是企业发展到一定阶段，将生产、营销、财务和物流等活动划归到企业的不同职能部门，由物流部门经理具体负责企业相应的物流活动，如图 3-2 所示。

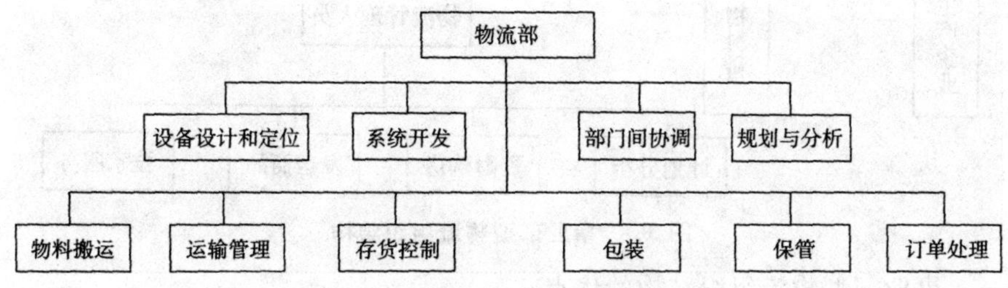

图 3-2　直线职能型物流组织结构

直线职能型物流组织结构的优点：

第一，既能保持统一指挥，又能发挥专业管理职能部门的作用，决策迅速，容易贯彻到底。

第二，按各种业务功能进行管理，能够发挥专业优势。

第三，分工细密，职责分明，可以从劳动分工中获得高效率。

第四，可减轻直线管理人员的负担，充分调动各物流部门的积极性。

直线职能型物流组织结构的缺点：

第一，组织中的各部门目标不易统一，容易产生本位主义，会增加组织高层管理人员的协调工作量。

第二,难以实现各经营阶段的成本计算与控制,无法使组织获得物流系统化带来的经济效益。

第三,组织分工细,规章多,反应速度较慢,不易迅速适应组织外部的新情况。

第四,组织中的职能管理人员只重视与其有关的专业领域,不利于从组织内部培养能够从宏观上把握全局的管理人才。

从其优缺点分析来看,直线职能型物流组织结构适用于业务量和规模中等的物流企业。

3. 事业部型物流组织结构

事业部型物流组织结构的主要特点是"集中决策,分散经营",如图 3-3 所示。

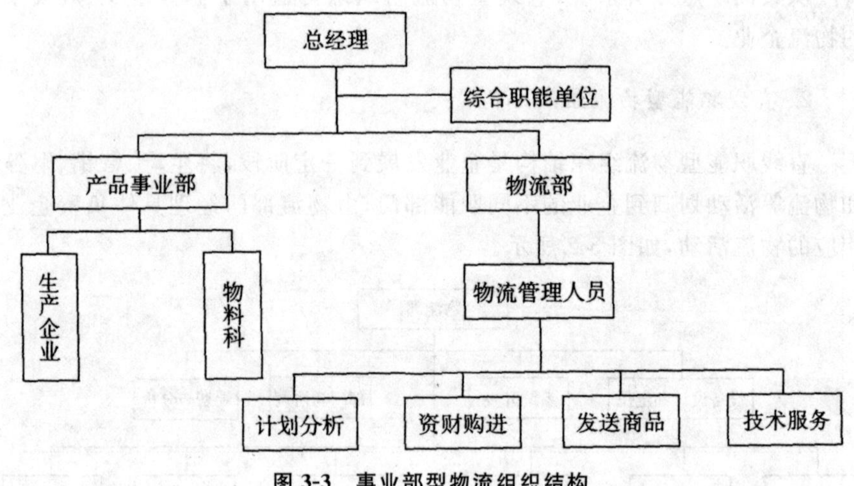

图 3-3　事业部型物流组织结构

事业部型物流组织结构的优点:

第一,有利于组织最高管理者从烦琐的日常行政事务中解放出来,专心致力于组织重大问题的研究和决策。

第二,各事业部经理对管辖的范围负完全责任,管理责任明确并容易实施成本控制。

第三,可充分调动各事业部经理的积极性,提高组织经营的灵活性和适应能力。

第四,有利于各事业部开展公平竞争,克服组织僵化和官僚作风,能为组织培养独当一面的高层管理人才。

事业部型物流组织结构的缺点：

第一，各事业部只重视本部门的利益，本位主义严重。

第二，调度和反应不够灵活，不能有效地利用组织的全部资源。

第三，管理部门重叠设置，管理费用增加，难以实现组织物流总成本最小化。

第四，各事业部具有相对独立性，对事业部一级管理人员的水平要求较高，集权与分权关系敏感，一旦处理不当，会削弱整个组织的凝聚力。

从其优缺点分析来看，事业部型物流组织结构主要适用于物流组织规模较大、实行分权管理的大企业或集团公司。

（二）现代物流组织结构

现代物流组织结构包括矩阵型物流组织结构、网络型物流组织结构两大类，下面我们就对其分别展开介绍。

1. 矩阵型物流组织结构

矩阵型物流组织结构是为了适应在一个组织内同时有几个项目需要完成，而每一个项目又需要具有不同专长的人在一起工作才能完成这一特殊需求而形成的。矩阵型组织结构是兼具直线职能型和事业部型组织结构两者的优点并避免了其各自缺陷的一种二维组织结构，如图 3-4 所示。

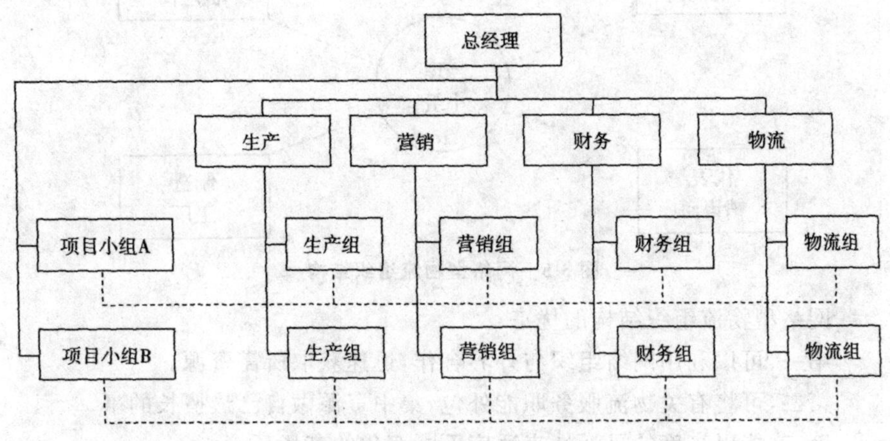

图 3-4　矩阵型物流组织结构

矩阵型物流组织结构的优点：

第一，矩阵型物流组织结构使上下左右集权和分权实现了有效结合，有利于加强各部门间的配合和信息交流，便于集中各专门的知识和技能，加速完成某一特定项目。

第二,矩阵型物流组织结构可避免各部门重复劳动,加强组织的整体性。

第三,矩阵型物流组织结构可随项目起止而组成和撤销项目组,增强了组织的机动性和灵活性。

矩阵型物流组织结构的缺点:

第一,各成员隶属于不同部门,项目负责人对他们工作的好坏,没有足够的奖励与惩罚手段,项目负责人的责任大于权力。

第二,项目负责人和原部门负责人对参加项目的人员都有指挥权,需双方管理人员密切配合才能顺利开展工作,破坏了统一指挥原则,对权力和责任的界定含糊不清,有可能造成管理混乱。

从其优缺点分析来看,矩阵型物流组织结构一般适用于物流服务需求多样化且个性化要求较高的企业。

2. 网络型物流组织结构

网络型组织结构是计算机网络技术发展的产物,它是依靠其他组织以合同为基础进行制造、营销、物流或其他关键业务经营活动的组织结构,如图 3-5 所示。

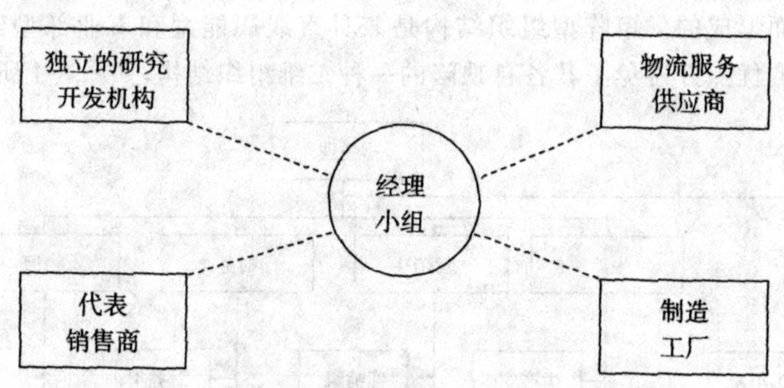

图 3-5 网络型物流组织结构

网络型物流组织结构的优点:

第一,可以利用网络组织与外界合作,迅速获取所需资源。

第二,可将有关物流服务职能外包,集中资源做自己最擅长的事。

第三,能以高度的灵活性来适应不断变化的市场环境。

网络型物流组织结构的缺点:

第一,管理者无法对外包活动进行紧密控制。

第二,管理部门需要具有更加有效的协调与沟通能力。

从其优缺点分析来看,网络型物流组织结构既适用于将非核心业务外包的大型物流企业，也适用于中小物流企业。

三、物流组织设计

物流组织设计就是为了有效地实现组织目的而对组织的结构和活动进行重构、变革和再设计，其任务是综合考虑组织所处的宏观和微观经济环境、组织发展战略、技术水平、组织规模以及生命周期等各种因素，设计清晰的组织结构，规划和设计组织中各个部门的职能与职权，确定组织中的职能职权、直线职权、参谋职权的活动范围并编制职务说明书。

（一）物流组织设计的原则

第一，合作分工原则。物流组织的设计要做到分工合理、协作明确，对于每位员工的具体工作内容、工作范围、工作关系和合作方法等都要有明确而具体的规定。

在物流分工中，要注意分工所带来的经济效益，要按照专业化的要求来设计物流组织，严格区分每项工作，每位员工在从事本职工作时都应达到专业水平。

在物流合作中，要明确物流部门与其他部门以及物流组织各部门之间的相互关系，找出容易发生冲突之处，并进行妥善的协调处理。对于组织内的各项关系，应逐步规范化、程序化，确立具体可行的协调配合方法以及违反规范后的惩罚措施。

第二，统一指挥原则。统一指挥原则的实质就是在物流管理工作中实行统一领导，建立严格的责任机制，消除多头领导或无人负责的现象，保证全部物流活动的有效领导和正常运行。

这就要做到在确定物流组织的管理层次时，要使上下级之间形成等级链，并要明确上下级的职责与权力；要实行首长负责制；要做到正职领导副职，副职对正职负责，下级物流组织只能接受一个上级的命令和指挥，防止出现多头领导的现象；要服从上级的命令和指挥，不能各自为政、各行其是，如有不同意见，可以跨级请示；上级不能越权指挥下级，但在必要的情况下，可以越级检查下级的工作。

第三，目标导向原则。任何一个组织及其组成部分都有其特定的任务与目标。组织的调整、增加、合并或取消都应以对实现目标有利为出发点。

在运用目标导向原则进行物流组织设计时，要注意确定企业的物流经营战略，要认真地筹划分析，为了保证任务与目标的顺利实现，要明确物流组织的组织构建、职务设置及人员配置要符合实际工作的需要，避免不必要的职位设置。

第四,集权与分权相结合的原则。集权有利于加强物流组织的统一领导,提高物流管理工作的效率;有利于协调组织的各项活动;有利于充分发挥物流主管的聪明才智,体现其工作能力;有利于节省物流管理的开支。但是,集权也有一定的局限性,那就是缩小了物流经理的直接控制面,增加了管理层次,延长了纵向组织下达指令和信息沟通的渠道,不利于调动基层的积极性和创造性,难以培养出熟悉全面业务的物流管理人员。

分权使得直接控制面扩大,减少了物流管理层次,使物流管理最高层与基层之间的信息沟通较为直接;使物流管理基层组织从环境需要出发,更加灵活、有效地组织各项活动,有利于物流管理基层人员发挥才干,从而培养出一支精干的物流管理队伍。但是,权力过于分散,不易于管理。

第五,精简高效原则。精简高效既是物流组织设计的原则,又是物流组织联系和运转的要求。精简能够保证需要的最少;效能包括工作效率和工作质量,队伍精简是提高效能的前提。精简高效原则要求人人有事干、事事有人管、保质又保量、负荷都饱满。

第六,有效管理原则。有效管理原则指管理人员能够直接而有效地领导与指挥下属。当直接指挥的下属人数呈算术级数增长时,上一级的管理人员数量也需要相应地增加。影响管理人员管理幅度的基本因素有职能的相似性、地区的相近性、职能的复杂性、指导与控制的工作量、协调的工作量和计划的工作量。

(二)物流组织设计的内容

第一,物流组织职能设计。物流组织职能设计是对企业的物流管理业务进行总体设计,确定企业物流管理活动的各项经营管理职能及其结构,并将其分解为各个管理层次、管理部门、管理职务和岗位的业务工作。职能设计的主要作用是使企业的物流战略任务和经营目标在物流管理组织上得到落实,同时为物流组织框架的设计提供依据。

第二,物流组织结构设计。这是企业根据自身的战略导向、物流规模以及所处的物流环境选择适合自身的物流组织结构。一般而言,当外部环境相对较为稳定时,企业可以选择职能型、事业部型等稳定性较强的物流组织结构;当外部环境处于动态变化中时,企业宜选择灵活性较强的矩阵式、委员会结构与项目任务小组结构等组织结构。

第三,物流组织职务设计。物流组织职务设计是将物流组织的职务组合起来构成一项完整职务的过程。物流组织职务设计是对现有物流组织职务的认定、修改或产生新的职务。物流组织职务设计的方法主要包括:

职务专业化、职务轮换、职务扩大化、职务丰富化等。

四、物流组织创新

(一)影响和推动物流组织创新的因素

影响和推动物流组织创新的因素主要包括物流组织内部因素和物流组织外部因素。

物流组织内部因素主要包括物流组织结构与资源因素、物流组织文化因素和人才资源因素,而物流组织外部因素主要包括产品与服务的市场变化、政治经济环境和社会文化因素。

1. 物流组织内部因素

第一,灵活的有机式物流组织结构对物流组织创新有着正面的影响。在有机式物流组织结构下,其专业化、正规化和集权化程度比较低,有利于提高物流组织的应变能力和跨职能工作能力,从而更易于推动和实施物流组织创新。

第二,富足的物流组织资源是实现物流组织创新的重要基础。物流组织资源充裕,使管理部门有能力开发创新成果,推行整体性物流组织创新。

第三,多向的物流组织沟通有利于克服物流组织创新的潜在障碍,如委员会、项目任务小组及其他组织机构等,都有利于促进部门间交流,达成共识,采用物流组织创新的解决方案。创新型的物流组织需要具有独特的组织文化,而人才资源是物流组织创新的基本保证。

2. 物流组织外部因素

产品与服务的市场变化是物流组织创新的首要外部因素,其中,最重要的是需求变化。物流组织作为物流市场中的供给方是为满足需求而存在的。另一个重要的市场变化是竞争变化,激烈的竞争往往使物流组织更倾向于成为适应市场的创新型物流组织,并通过更低的成本和更高的质量赢得竞争优势。

政治经济环境与社会文化因素是推动物流组织创新的重要外部因素。企业经营规模的不断扩大和技术层次的不断提高,使得管理理念与文化价值观的更新日趋急迫,这成为物流组织创新的必要条件。而管理理念与文化价值观在很大程度上受到政治经济环境与社会文化因素变化的制约,如政府的政策、法令、法律、规划、战略等都对物流组织的创新行为具有直接的指导意义和约束力。

(二)物流组织创新的发展趋势

1. 由职能垂直化向过程扁平化转变

传统的企业组织之所以与现代社会的发展显得格格不入,其中不可忽视的一个重要原因就是庞大的中层。这种垂直化必将被扁平化所取代。扁平化就是精简中间管理层,压缩组织结构,尽量缩短指挥链,改善沟通,消除机构臃肿和人浮于事的现象。具体措施包括以下几方面。

第一,注重企业物流信息系统的建设,用以取代原来中层人员的上通下达及搜集整理材料信息的功能,为扁平化组织结构的高效运行提供功能支持。

第二,注重提高组织成员独立工作的能力,为扁平化组织结构的高效运行提供能力保障。

第三,构建物流组织要强调以"物流过程"为核心取代原来的以"物流职能"为核心的组织方式,如以流程为基础构建矩阵式的组织结构。

我国的一些大型生产、流通企业(含物流企业)虽然规模远小于跨国公司,但是物流组织也有三层之多,这严重影响了企业的物流效率和竞争力,扁平化将是其物流组织创新的一个重要方向。

2. 由固定刚性化向临时柔性化转变

组织柔性化的目的在于充分利用组织资源,增强企业对复杂多变的动态环境的适应能力,柔性化也将是物流组织发展的必然趋势。

第一,物流组织的柔性化与企业物流的集权、分权以及授权度有较大的关系,要适时调整权责结构,适当扩大物流授权度,正确处理好集权与分权的关系。

第二,建立动态性较大的"二元化组织"是当前物流组织柔性化的有效方法,这主要体现为一方面为完成组织的经常性任务设立比较稳定的物流组织部门,另一方面为完成某个特定的、临时的项目或任务设立动态的物流组织。对于一些大型企业或企业集团、国际物流企业、跨国公司等,这种柔性组织将表现出较大的优越性。

3. 由内部一体化向虚拟化、网络化发展

在经济全球化、网络化和市场化日益加剧的背景下,企业为了有效地提高其竞争力,必然会利用外部资源以快速响应市场需求,这将促进物流

组织向虚拟化、网络化发展。

企业物流组织要实现由内部一体化向虚拟化、网络化发展，应做到以下两点。

第一，企业应强化内部信息网络化和标准化建设，构建基于 Internet（互联网）的管理信息系统（MIS）等，并能够通过 Internet、EDI、Intranet（内联网）等实现消费者与企业、企业与企业以及企业内部信息的有效交换，这是物流组织虚拟化、网络化的基础。

第二，要以现代企业组织理论为指导，梳理物流业务，确定物流业务是采取自营、外包还是联盟的方式，并以培育企业的核心竞争力和重塑业务流程为主导构建物流组织，这是实现虚拟化和网络化的前提。

从未来的发展趋势来看，矩阵型、团队型、联盟型、虚拟型、网络型等物流组织将越来越多地出现在未来的企业中。

五、物流组织战略联盟

（一）物流组织战略联盟的主要目的

第一，为企业提高经济效益。站在企业经济效益的角度看，通过物流战略联盟可以使多数中小企业开始进行集约化运作，在一定程度上降低了企业运作成本，提高了企业经济效益。

第二，缩短企业管理战线。站在社会效益的角度看，因为该联盟的运作主体是第三方物流机构，所以由其进行统一规划和实施，相应地减少了社会物流中反复劳动的问题，依据不同的技能要求而交予不同的社会群体进行操作，这在一定程度上体现了专业分工的要求。第三方物流企业更需要进行战略联盟，根据客户或者企业的具体要求进行规范化的运作。

第三，转嫁经营风险。就第三方物流企业来讲，积极寻找物流战略联盟，可以共担风险，从而使得自身的风险降低。物流企业面临的风险主要包括货物风险、资金风险、社会风险等；其中，货物风险是库存以及运输货物的安全性，资金风险是应收款的时间，社会风险是相关政策法律法规的变化。换句话说，物流行业属于一个高风险的产业，通过积极寻求战略物流联盟可以很好地转嫁风险，如投资资金风险，也可以延长应付款的期限，从而优化结算的方式，相应地降低风险。

（二）物流组织战略联盟采取的主要方式

第一，纵向一体化物流战略联盟。纵向一体化物流战略联盟指处于物流活动不同作业环节的企业之间通过相互协调形成的合作性、共同化的物流管理系统。

第二,横向一体化物流战略联盟。横向一体化物流战略联盟指在相同地域或者不同地域,服务范围相同的物流企业之间达成的协调、统一运营的物流管理系统。

第三,混合型物流战略联盟。混合型物流战略联盟指以一家物流企业为核心,联合一家或几家处于平行位置的物流企业和处于上下游位置的中小物流企业加盟而形成的战略联盟。

(三)影响物流战略联盟的主要因素

第一,客户需求。在进行物流战略联盟选择的时候,客户需求是其中一个重要的前提。第三方物流企业进行客户选择的时候,首先要考虑客户的服务类型、产品特性、业务操作流程等。只有充分分析了客户的需求之后,才能更好地选择物流战略联盟。

第二,信誉度。对于物流战略联盟来讲,信誉度非常重要。只有具备高信誉度,才能放心地开展合作。

第三,资金承受能力。一定的资金承受能力可以更好地实现企业的战略联盟,可以说没有一个企业愿意和面临资金缺口的企业合作。现代化物流企业的战略联盟同样如此,当对自己要合作的企业的资金承受能力给予充分的考虑时,可降低企业经营过程中的一些风险。

第四,协调、沟通能力。协调、沟通能力是物流企业一项重要的能力,物流企业同客户之间的沟通要积极有效。当遇到问题的时候,不能逃避现实,而要积极主动地寻找解决方案,这是进行客户关系管理的一个重要措施。事实上,寻找的物流战略联盟如果具备比较好的协调能力和沟通能力,那么在遇到客户问题的时候,就可以更好地协调和处理。

第二节 物流成本管理

一、物流成本的基本内涵

(一)物流成本的定义

中华人民共和国国家标准《物流术语》(GB/T 18354—2006)把物流成本定义为:"物流活动中所消耗的物化劳动和活劳动的货币表现,包括货物在运输、储存、包装、装卸搬运、流通加工、物流信息、物流管理等过程中所耗费的人力、物力和财力的总和以及与存货有关的流动资金占用成本、存货风险成本和存货保险成本。”此定义的物流成本包含两个方面的内容：一方面，直接在物流环节产生的支付给劳动力的成本、耗费在机器设备上的成本以及支付给外部第三方的成本；另一方面，包括在物流环节中因持有存货等所造成的潜在成本，如占有资金成本、保险费等。

（二）物流成本的分类

中华人民共和国国家标准《企业物流成本构成与计算》(GB/T 20523—2006)把物流成本分为成本项目类别物流成本、范围类别物流成本和形态类别物流成本三大类。

第一，成本项目类别物流成本。成本项目类别物流成本指以物流成本项目作为物流成本的计算对象，可以分为物流功能成本和存货相关成本。物流功能成本指在包装、运输、仓储、装卸搬运、流通加工、配送、信息处理及物流管理中所发生的物流成本；存货相关成本指企业在物流活动过程中所发生的与存货有关的资金占用成本、物流损耗成本、保险费和税收成本。

第二，范围类别物流成本。范围类别物流成本指以物流活动的范围作为物流成本的计算对象，包括供应物流、企业内部物流、销售物流、回收物流和废弃物物流等不同阶段所发生的各项成本支出。

第三，形态类别物流成本。形态类别物流成本指以物流成本的支付形态作为物流成本的计算对象，包括委托物流成本和企业内部物流成本。企业内部物流成本可以分为材料费（含资材费、工具费、器具费等）、人工费（含工资、福利、奖金、津贴、补贴、住房公积金等）、维护费（含土地、建筑物及各类物流设施设备的折旧费、维护维修费、租赁费、保险费、税金、燃料与动力消耗费等）、人工经费（含办公费、差旅费、会议费、通信费、水电费、燃气费等）、特别经费（含存货资金占用费、物品损耗费、存货保险费和税费等）。

（三）影响企业物流成本的因素

1. 企业产品的特性与物流成本

(1)产品的种类。不同产品的物流成本占其销售额的比重不同。图3-6中的数据统计了物流成本在6种不同产品分类中占销售额的百分比。其中，食品和消费品物流成本占销售额的比重最大，达32.01%；其次是主要金属产品，所占比重将近30%；而最低的化工和塑料产品物流成本比重不到15%。

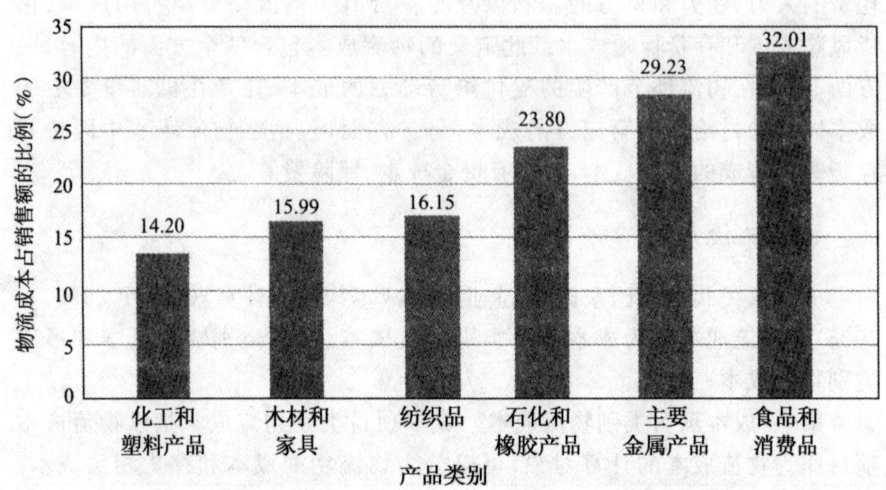

图 3-6　物流成本在不同产品类别中的差异

(2)产品的密度。在实际应用中,通常通过减少产品的体积来降低成本,或者对零散的产品进行集装以增加产品的总体密度。产品密度与物流成本之间的关系如图3-7所示:随着产品密度的增加,仓储和运输成本占物流成本的比重呈降低趋势。

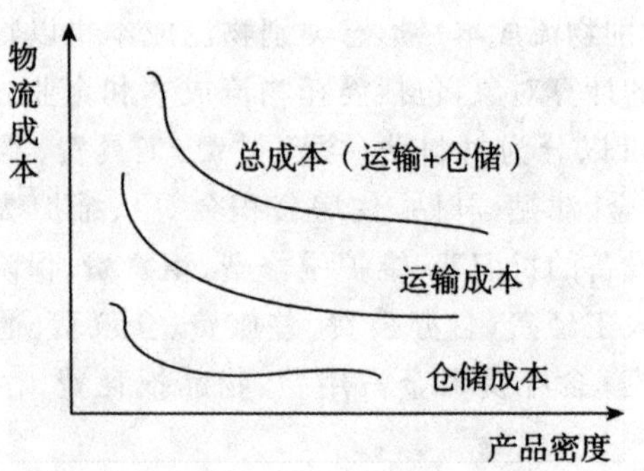

图 3-7　产品密度对于物流成本的影响

(3)产品的价值。价值高的产品的物流成本相比一般产品要高。国际物流海运运输费用率规定:高价值产品的运输费率要高于低价值产品的运输费率。

产品价值和重量之间的关系会影响物流成本:价值低、重量大的产品,其运输成本在产品价值中所占的比重偏大;而对于价值高、重量小的产品,其仓储成本较高而运输成本相对较低。

(4)产品的可替代性。可替代性强的产品之间的竞争,除了品牌竞争外,更重视服务的竞争,即企业提供的物流服务。产品的分拨计划会考虑通过运输服务的选择、仓储服务的选择或两者兼用来降低此类产品的销售成本,保持现有的客户群。

(5)产品的风险性。由于产品的风险性而在物流过程中引致特殊防护作业,会增加企业的物流分拨总成本。

2. 物流环节对物流成本的影响

物流环节的多少、经历时间的长短将直接影响到物流成本的大小。据相关统计:在物料形成产品的总生产时间中,真正的加工时间只有10%~20%,其余时间都消耗在物料运输、等待的时间(如在库时间、设备调整准备时间)上,而这些环节都只引起成本的增加,不带来价值的增加。所以,一般而言,对于物流环节,原则是中间环节尽可能减少,在中间环节停留的时间也要尽可能少,每段的运输距离尽可能短,而运输速度尽可能加快。

3. 物流服务对物流成本的影响

随着市场竞争的加剧,物流服务越来越成为企业创造持久竞争优势的有效手段。更好的物流服务会增加收入,但同时也会提高物流成本(图3-8):高水平服务和低物流成本之间存在着一种"二律背反",高水平的物流服务要求有大量的库存、足够的运费和充分的仓容,这些势必产生较高的物流成本;而低的物流成本所要求的是少量的库存、低廉的运费和较少的仓容,这些又必然降低物流服务水平和标准。

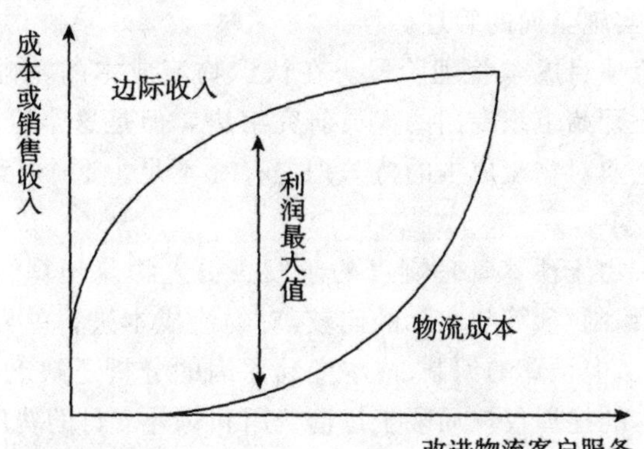

图3-8　销售收入、物流成本与物流服务水平变动的关系

4. 其他因素

物流运作方式、核算方式、企业信息化程度等也会影响物流成本。企业物流业务外包已经成为越来越多致力于核心业务企业的策略选择,核算方式的不同必然会导致成本计算结果的差异。

二、物流成本管理的基本内涵

(一)物流成本管理的产生

物流管理是从配送和军事后勤管理中演变形成的。这个时期主要考虑的是军用物资的可达性和及时性。成本是第二因素,没有引起重视。

随着生产技术的发展、产品成本的下降,流通成本问题开始出现,物流管理进入商业领域,物流领域成为"第三方利润源泉"。企业在追求利润最大化、注重成本管理的过程中,开始关注物流成本管理,这个时期的物流成本管理便成为降低成本、提高服务水平、增强竞争力的有效手段,因而得到了较快的发展。

(二)不同国家物流成本管理的发展概况

1. 欧美国家的物流成本管理发展概况

欧美国家物流成本管理的发展,可以大致归纳为以下几个阶段。

第一,物流成本认识阶段。因为流通领域存在着广阔的降低成本的空间,所以企业物流管理可以说是从物流成本管理开始的。但是这一阶段人们对物流成本的认识只是停留在概念认识的层次上,还没有依照管理的步骤对物流成本实施全面的管理。

第二,物流项目成本管理阶段。在认识物流成本的基础上,对特定的物流问题,企业开始组织专门的人员研究解决。但是这个阶段管理的组织化程度较低,企业对物流成本的持久把握存在不足。这个阶段物流管理组织开始出现。

第三,引入物流预算管理制度的阶段。引入物流预算管理制度,通过对物流预算的编制、预算与实际的比较,对物流成本进行差异分析,达到控制成本的目的。但预算的编制、成本变动原因的分析还缺乏准确性和全面性,对物流成本的把握仅仅局限于运输费用和对外支付的费用。

第四,物流预算管理制度确立阶段。有了物流成本的计算标准,物流预算和管理有据可依,同时物流部门出现了独立的成本中心和利润中心。

第五,物流绩效评估制度的确立阶段。通过物流部门对企业绩效贡献度的把握，评价物流部门的工作。降低成本成为物流部门永恒的目标。

2. 日本的物流成本管理发展概况

在日本，物流兴起于20世纪50年代，至今已经形成了一套完整的体系，可以将物流成本管理发展归纳为以下几个阶段。

第一，物流前期。集中于生产和销售部门，主要是货物的保管和运输。

第二，个别管理期。物流成本意识出现期，成本意识仅仅局限于保管部门和发货部门。

第三，综合管理时期。物流作为一项独立业务，开始建立物流管理部门，这里生产和销售是物流的前提。

第四，扩大领域时期。物流影响生产和销售阶段。

第五，整体体制时期。物流进入小批量、多品种发货的新时代，成为生产和销售本身的一项内容。

第六，生产、销售、物流一体化时期。建立以物流信息为核心的一体化系统。

3. 中国的物流成本管理发展概况

我国物流成本管理起步较晚，可以简单归纳为以下几个时期。

第一，1979年，第一次从日本引入"物流"这个概念。

第二，20世纪80年代初，国有物资部门开始从宏观角度研究物流。

第三，20世纪90年代初，随着流通领域的利润下降，商业领域开始重视物流，物流成本进入初步的研究和试验性管理阶段。

第四，20世纪90年代后期，出现了专门的物流部门和物流企业，物流成本管理开始组织化。

第五，进入21世纪，我国物流业开始走向国际化和全球化。物流成本管理理论和方法研究进入新的阶段，一些企业开始引入物流成本预算制度。

（三）物流成本管理方法及意义

1. 物流成本管理的方法

物流成本管理的方法主要有纵向法、横向法和计算机管理系统法。

(1)纵向法。

第一，运用线性规划、非线性规划制定最优运输计划，实现物品运输优化。

第二，运用系统分析技术，选择货物最佳配比和配送线路实现货物配送优化。

第三,运用存储理论确定经济合理的库存量,实现物资存储优化。

第四,运用模拟技术对整个物流系统进行研究,实现物流系统的最优化。

(2)横向法。对物流成本进行预测和编制计划。预测在计划之前进行,即在对成本进行充分分析的基础上,寻求降低物流成本的经济措施,以保证物流成本计划的先进性和可靠性。

(3)计算机管理系统法。借助计算机管理系统,通过一次次的循环、计算、评价,使整个物流系统不断优化,最终找出使总成本最低的最佳方案。

2. 物流成本管理的意义

物流成本管理的意义在于,通过对物流成本的有效把握,利用物流要素之间的效益背反关系,科学合理地组织物流活动,加强对物流活动过程中费用支出的有效控制,降低物流活动中的各种消耗,从而达到降低物流总成本、提高企业社会效益和经济效益的目的。企业进行物流管理的目的是降低物流总成本,增强企业竞争优势;物流成本管理是企业物流管理的核心。

三、物流成本核算

(一)物流成本核算的概念

物流成本核算是根据企业确定的成本计算对象,采用相应的成本计算方法,按照规定的成本项目,通过一系列物流费用的汇集与分配,计算出各物流环节成本计算对象的实际总成本和单位成本。

物流成本核算是物流成本管理中的重要环节。通过对各项物流活动进行成本核算,可以提高成本信息的准确性,提高企业的经营管理水平和企业的竞争力。因为物流成本信息是物流企业经营决策的重要依据,也是制造企业或商品流通企业进行业务流程改造的重要依据,同时也是国家规划物流产业与制定物流产业发展政策的重要依据。如何用科学的方法对物流成本进行准确的核算,是各国物流产业发展中普遍关注与着力解决的一项重大课题。

(二)物流成本核算的意义

物流成本核算的意义是要促进企业加强物流管理,提高管理水平,创新物流技术,提高物流效益。具体地说,物流成本核算的意义可以体现在以下几个方面。

第一,通过对企业物流成本的全面计算,弄清物流成本的大小,从而提高企业内部对物流重要性的认识。

第二,通过对某一具体物流活动的成本计算,弄清物流活动中存在的问题,为物流运营决策提供依据。

第三,按不同的物流部门组织计算,计算各物流部门的责任成本,评价各物流部门的业绩。

第四,通过对某一物流设备或机械(如单台运输卡车)的成本计算,弄清其消耗情况,谋求提高设备效率、降低物流成本的途径。

第五,通过对每个客户物流成本的分解核算,为物流服务收费水平的制定以及有效的客户管理提供决策依据。

第六,通过对某一成本项目的计算,确定本期物流成本与上年同期成本的差异,查明成本降低的原因。

第七,按照物流成本计算的口径计算本期物流的实际成本,评价物流成本预算的执行情况。

(三)物流成本核算的对象

物流成本核算的对象主要指的是费用承担的实体。物流成本核算的对象主要有以下几种。

第一,以某种物流功能为对象。根据需要,以包装、运输、仓储等物流功能要素为对象进行核算,见表3-1。这种核算方式对于加强每个物流功能环节的管理、提高每个环节的作业水平具有重要的意义。

表3-1　以物流功能为成本核算对象的物流成本汇总信息

支付形态＼成本项目		运输	保管	装卸	包装	流通加工	物流信息	物流管理	合计
企业内部物流成本	材料费								
	人工费								
	一般经费								
	……								
	其他								
小计									
委托物流费									
合计									

第二,以某个物流部门为对象。如以仓库、车队、装配车间等部门为对象进行核算。这种核算方式对于加强责任管理、开展成本控制责任制管理,以及考核部门绩效都十分有利。

第三,以某个客户为对象。见表3-2。这种核算方式对于加强客户服务管理、制定有竞争力且有盈利性的收费价格是很有必要的,特别是对于物流服务企业,在为大客户提供物流服务的时候,应分别核算对各大客户提供服务时所发生的实际成本。

表3-2 以客户为成本核算对象的物流成本汇总信息

成本项目＼客户		A类大客户	B类大客户	……	N类大客户	P类中小客户	其他类客户	合计
企业内部物流成本	材料费							
	人工费							
	水电费							
	……							
	其他							
小计								
委托物流费								
合计								

第四,以某种产品为对象。货主企业在进行物流成本核算时,以某种产品作为核算对象,计算为组织该产品的生产和销售所花费的物流成本,据此可进一步了解各产品的物流费用开支情况,以便进行重点管理。

第五,以企业生产的某个过程为对象。如以采购、供应、生产、销售、退货等过程为对象进行核算。这种核算方式容易计算物流成本总额,了解各范围的全貌,并据此进行比较和分析。

第六,以某个物流成本项目为对象。把一定时期的物流成本,从财务会计的计算项目中抽出,按照成本费用项目进行分类核算。它可以将企业的物流成本分解为企业自家的物流费、委托物流费、外企业代垫物流费等项目分别进行核算。

第七,以某个地区为对象。见表3-3。这种核算方式有利于了解各地区的物流成本开支,进行重点管理。同时,对销售或物流网络广的企业而言,是其进行物流成本日常控制、地区负责人绩效考核以及其他物流系统优化决策的有效依据。

表 3-3　以地区为成本核算对象的物流成本汇总信息

物流功能＼地区		东北分公司	华北分公司	西北分公司	西南分公司	华南分公司	华东分公司	中南分公司	合计
企业内部物流成本	运输								
	保管								
	装卸								
	包装								
	流通加工								
	物流信息								
	物流管理								
	其他								
小计									
委托物流费									
合计									

第八，以某个物流设备和工具为对象。如以某台运输车辆为对象进行核算。

第九，以企业全部物流活动为对象。如图 3-9 所示。确定企业为组织物流活动所花费的全部物流成本支出。

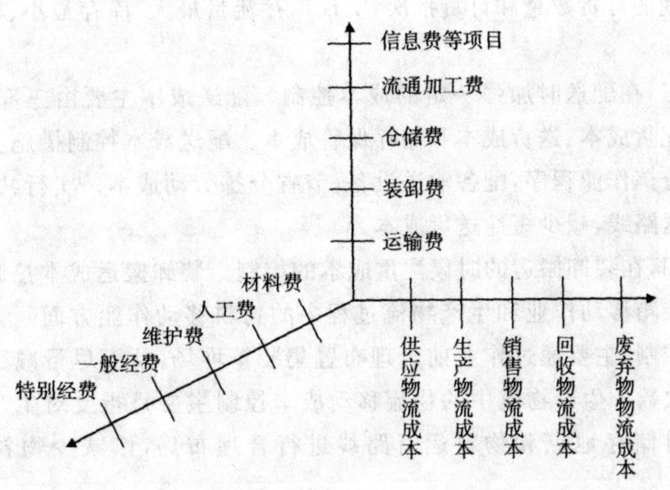

图 3-9　以企业全部物流活动为对象的物流成本核算

四、物流成本控制

物流成本控制是对物流活动前成本的预测和计划、物流运行中成本的监督与调整、物流作业结束后成本的计算和分析,实质上就是物流成本管理。

物流成本控制主要可以从以下几方面着手。

第一,针对运输的过程中一些不合理的成本进行控制。运输成本主要包括变动成本、固定成本和管理费用。变动成本由具体的运输作业确定,包括劳动成本、燃料费用、维护保管费用,以及运输端点的场、站费用。固定成本表现为固定资产折旧,它与具体的运输活动无关,而是按期提成。管理费用是与运输作业直接相关的管理成本。有效控制运输成本应做到合理选择运输工具,采用联合运输,降低成本,推行直达运输。

第二,在保管的时候注重成本控制。保管成本包括仓储成本和存货成本。仓储成本由固定成本、变动成本和管理费用三部分组成,其中,以仓库的固定资产和土地费用为主要部分。控制仓储固定成本的主要措施有:首先,合理选择仓库位置,降低土地成本。尽量选择在低价区域设置仓库,在高地价区域只能租用土地。其次,对于仓库内部设施,主要的成本控制对象是货架、叉车以及巷道堆垛起重机的成本,以提高仓库利用率,加快货物进出,减少劳动成本。存货成本属于变动成本范畴,具体表现为存货资金成本、存货服务成本、存货储存保管成本、存货风险成本。存货成本控制是通过合理的订货数量和订货批次,实现库存流量最大、库存最小、存货成本最低。

第三,在配送时加强一定的成本控制。配送成本主要由三部分构成,即分拣配货成本、送货成本和储存保管成本。配送成本控制措施主要有合理设置分拣作业程序,配备输送设备,节省分拣劳动成本。实行共同配送,优化配送路线,减少短途送货成本。

第四,在装卸搬运的时候注重成本的控制。装卸搬运成本控制集中表现在集装箱移动作业和生产物流过程中的物料移动作业方面。集装箱移动成本控制,主要通过作业前合理布置集装箱堆场,从而尽量减少集装箱的移动次数。生产物流中的物流移动成本控制主要是指要对生产物流过程中物料储存地点和物料运行路线进行合理布局,以减少物料移动的成本。

第三节　物流质量管理

一、物流质量的概念

物流质量是供应链上一个满足客户要求的环节，是物流服务满足客户要求的特性。物流质量是物流产品（对象）质量、物流服务质量、物流工作质量以及物流工程质量的总和。

第一，物流产品（对象）质量。物流对象是具有一定质量的实体，即有合乎要求的等级尺寸、规格、性质、外观。这些质量是在生产中形成的，物流过程主要在于转移和保护这些质量，把商品完好地交给客户，以实现对客户的质量保证。

第二，物流服务质量。物流具有很强的服务性质，提高物流服务质量是物流管理的主要目标。物流服务质量因客户要求不同而各异，因而必须了解和掌握客户对物流服务的要求，主要包括：商品质量的保持程度；流通加工对商品质量的提高程度；批量及数量的满足程度；配送额度、间隔期及交货期的保证程度；配送、运输方式的满足程度；成本水平及物流费用的满足程度；相关服务（如信息提供、索赔及纠纷处理）的满足程度。

第三，物流工作质量。物流工作质量指物流各环节、各工种、各岗位的具体工作质量。物流工作质量和物流服务质量是两个有关联但又不大相同的概念，物流服务的质量取决于各个具体工作的质量。所以，物流工作质量是物流服务质量的某种保证和基础。重点抓好物流工作质量，物流服务质量就有了一定程度的保证。

第四，物流工程质量。物流工程是支撑物流活动的工程系统。物流质量不但取决于工作质量，而且取决于工程质量。在物流过程中，把对产品质量产生影响的各因素（人的因素、体制的因素、设备因素、工艺方法因素、计量与测试因素、环境因素等）统称为“工程”。很明显，提高工程质量是进行物流质量管理的基础工作，能提高工程质量，就能做到“以预防为主”的质量管理。

物流归根到底就是以服务为核心，物流企业的行为准则就是两个字“服务”，因此，有必要从服务业的质量观去理解物流质量的内涵。

二、物流质量管理的概念及特点

物流质量管理是以一定的质量标准对物流质量进行控制。物流质量管理的目的是在成本尽可能低的前提下,向客户提供尽可能高的物流质量服务。

物流质量管理主要有以下三个特点。

第一,管理的对象全面。物流质量管理不仅管理物流对象本身,还管理工作质量和工程质量,最终对成本及交货期起到管理作用,具有很强的全面性。

第二,管理的范围全面。物流质量管理对流通对象的包装、装卸搬运、储存、运输、配送、流通加工等若干过程进行全过程的质量管理,同时又是对产品在社会再生产过程中进行全面质量管理的重要一环。在这一过程中,必须一环不漏地进行全面管理才能保证最终的物流质量,达到目标质量。

第三,全员参加管理。物流质量取决于有关环节的所有部门和所有人员,绝不是依靠某个部门和少数人就能搞好的,必须依靠相关环节中各部门和广大职工的共同努力。物流管理的全员性是由物流的综合性、物流质量问题的重要性和复杂性决定的,反映了质量管理的客观要求。

由于物流质量管理存在"三全"(对象全面、范围全面、全员参与)的特点,因此,全面质量管理的一些原则和方法(如 PDCA 循环[①]),同样适用于物流质量管理。但应注意,物流是一个系统,在系统中各个环节之间的联系和配合是非常重要的。物流质量管理必须强调"以预防为主",明确"事前管理"的重要性,即在上一道物流过程就要为下一道物流过程着想,预判下一道物流过程可能出现的问题,采取预防措施。

三、物流质量管理的主要指标

第一,服务质量指标。

货物损失指标是表明在一个时间段内,发生货物损坏的金额与同期内合同执行金额的比例;缺货程度指标是指同期内缺货次数与客户要求次数的比例。

货损率=(货物损失金额/完成合同金额)×100%

货损货差赔偿费率=(货损货差赔偿金额/同期业务收入总额)×100%

缺货率=(缺货次数/客户要求次数)×100%

第二,仓库质量指标。

仓库吞吐能力实现率=(期内实际吞吐量/仓库设计吞吐量)×100%

---

① PDCA 循环,P:Plan,计划;D:Do,执行;C:Check,检查;A:Action,行动。

仓容利用率=(年度存储物品实际数量或容积/设计库存数量或容积)×100%

仓储吨成本=仓储费用/库存量(元/吨)

第三,运输质量指标。

车辆满载率=(车辆实际装载量/车辆装载能力)×100%

运力利用率:(实际吨千米数/运力往返运输总能力)×100%

正点运输率=(正点运输次数/运输总次数)×100%

第四,设备质量指标。

设备完好率=(期内设备完好台数/同期设备总台数)×100%

设备利用率=[全部设备实际工作时数/设备总的工作能力(时数)]×100%

四、提高物流质量管理的路径选择

第一,准确把握客户的需求。客户的需求满足与否是衡量外流质量管理的一项重要指标,因此物流企业必须要予以重视。客户的需求包括公司内部客户需求和公司外部客户需求。物流过程涉及的公司内部运营部门和人员,都是物流服务供应环节的内部客户,必须了解他们对公司执行具体物流合同的需求。不能因为他们是内部人员,就理所当然地认为他们的作业质量达到合格标准。对公司的外部客户,要定期调查他们的质量要求,定期监测市场的变化。此外,了解竞争对手的状况,把握竞争对手的质量执行标准,也可以使企业对整体的市场质量标准有充足的认识。当以竞争对手的质量标准为参考时,可以节省同等级物流质量标准的支出。

第二,物流标准与物流成本的均衡。物流企业不可能不计成本地维持高质量的物流服务水准。经过客户需求与物流运作成本比较后,对不同成本的物流质量实行差别化对待,以合适的资源对应合适的客户,实现正确的质量要求。

第三,物流质量过程的控制。在物流运作过程中,控制物流质量是物流系统管理的关键,对物流运行时间、物流活动所需资源和物流作业人员进行有效的控制,才能最终控制物流质量过程。

第四,利用物流信息工具提高物流质量。一是通过数据库和管理信息系统(MIS)掌握物流质量的实时状态;二是在物流作业过程中,采用电子订货系统(EOS)、物料需求计划(MRP)、全球定位系统(GPS),在码头和仓库中安装电子监控系统,提高对物流质量事故的快速反应能力。

本章小结

本章主要是对物流管理的实务进行研究，分别从物流组织管理、物流成本管理、物流质量管理三方面展开。物流组织管理从物流组织的概述、结构、设计、创新、战略联盟予以探讨。物流成本管理主要研究了物流成本的基本内涵和物流成本管理的基本内涵以及物流成本的核算与控制。物流质量管理也是从四个方面展开的论述，包括物流质量的概念、物流质量管理的概念、物流质量管理的主要指标以及路径。

第四章　我国物流中长期发展战略

在进一步制定中国物流业中长期战略的过程中，一定要拥有全球视角、战略思维，紧紧扣住国情，把物流业的具体发展放到整个人类的文明进程中加以全面、周全的考虑。中国物流业中长期发展战略思路具体是：根据服务于经济社会发展全局、统筹国际国内、统筹城乡的相关要求，紧紧把握新科技革命和产业变革的时代机遇，以"完善体系、优化网络、调整结构、整合资源、联动发展、一体化运作、价值创造、节能环保、惠及民生"为主要着力点，以更好的体制和政策为保障，在最大程度上构筑起关于中国面向未来的物流和供应链服务体系。

第一节　当前我国物流成本居高的原因分析

一、体系层面

在体系层面，主要是综合交通运输体系、物流服务体系、流通体系、供应链管理体系、物流标准体系、物流信息服务体系、国际物流体系等没有得到一定程度的完善。

（一）综合交通运输体系尚未完全形成

想要构建一个高效便捷、能力充分、衔接顺畅、结构优化、布局合理的综合交通运输体系并不是一件轻而易举的事，这需要一定的时日才能完成，目前来看，不同运输方式之间协调不是很到位，衔接也不是很顺畅。

由于没有较为合理的运输结构，这就在很大程度上使得铁路在综合交通运输中的优势难以得到充分性的发挥。2016 年，全社会货运量中铁路占比仅 7.7%，公路占比则高达 78%。全社会货物周转量中铁路货物周转量占比 13%，公路则占比 33.6%。

（二）物流服务体系尚不健全

从"干、支、末"与"物流枢纽、物流园区、物流中心、配送中心、终端网点"等构成的物流网络来看,也是很不完善。干线之间,干线、支线之间,干线、支线与配送之间,支线与末端之间均存在许多薄弱环节。

不仅如此,物流基础设施网络、信息网络、运营网络尚在形成之中。公共物流基础设施、社会化物流基础设施、企业自营物流基础设施之间的比例不尽合理。

由于在很大程度上受到各种因素的影响,进一步使得物流业空间分布"东高西低",而且城市物流相对发达,农村物流十分滞后且水平低下。

至于"最先一公里""中间换装一公里""末端配送与投递一公里"的问题也是相对比较突出。由于对物流资源整合不足,使得各类物流资源处于一种分散、分立、分割的状态,物流资源严重缺乏和资源浪费并存。

(三)尚未形成"规模化、集约化、高效率"的现代流通体系

现在来看,占主流的依旧是传统的流通方式。由于传统模式的环节众多,且交易复杂,在很大程度上就进一步延长了物流周期,使得物流成本得以增加。

尤其是在医药流通环节,从生产者到使用者,中间历经多级批发商、经销商、医药代表、医疗机构、零售商等,使得各环节层层加价的情况屡见不鲜。

(四)缺乏完善的供应链管理体系

根据目前的国家供应链、区域供应链、行业供应链、企业供应链,能够得知国家间、区域间、行业间、企业间是比较难以建立起一种协作机制的,不能形成有效的产业链、供应链和价值链。

(五)没有健全的物流标准体系

由于物流标准内容相对较为繁杂,想要建立有效的统一标准难度是很大的,加之中国物流标准化工作相对滞后,进一步使得物流标准化程度较低。

而且,物流标准化体系还存在一定的条块分割、部门分割,基本设备缺乏统一的规范、标准之间缺乏有效衔接等问题,累积起来进一步增加了搬运、分拣、包装等具体环节。

(六)缺乏完善的物流信息服务体系

由于针对物流信息化和网络化的建设较为滞后,因而并没有形成一种

强大、互联互通的信息服务体系，就进一步使得不同物流方式之间的信息碎片化、孤立化。

许多部门和单位往往会自建一些相应的信息数据库，这其实就相当于一个个“信息孤岛”，最终会使同一运输方式之间、不同企业之间、供需双方之间的信息缺乏有效的连接与共享；物流资源配置不能在更大范围内进行，使得信息不对称和信息缺失，最终出现供需失衡、货运空载。

（七）国际物流体系较为薄弱

国际海运比起国际铁路、国际公路、国际航空货运、国际快递、国际仓储、国际配送、国际运输中转枢纽、国际物流运营等，相对成熟一些。

中国物流企业在国际市场中所占份额并没有很多，进出口所需的物流服务往往需要对国外跨国物流企业进行依赖。

二、企业和要素层面

（一）第三方物流企业发展有待提高

由于许多生产流通企业几乎做到了“大而全”“小而全”，所以，在一定程度上来讲，他们都分别拥有属于自己的相应物流设施。这样一来，第三方物流企业水平就相对较低一些，一揽子的服务能力更是严重缺乏。

（二）物流企业过于小、散、弱，缺乏合作

简单地以公路货运企业为例，相应登记注册的 78.9 万家企业，每家平均只拥有 2.5 辆车；近万家快递企业，仅少数规模过百亿。可以明显看出，物流企业之间严重缺乏一个长期有效的合作与整合，这就使得规模经济、范围经济与网络经济效应难以进行充足的优势互补及发挥。

（三）企业的物流装备、技术、管理、组织、人员、信息等亟待提升

有多数的物流企业规模不是很大、实力弱，无力进行大规模、高水平的技术装备更新和改造，物流作业自动化水平较低。在搬运、点货、包装、分拣、订单及数据处理等环节，手工操作方式仍占主导，差错率高、效率低。企业管理粗放，组织结构缺乏灵活性。

不仅如此，从业人员素质不高、不遵守操作流程、野蛮分拣等，造成了大量的损失。企业对信息化重视不够，企业信息化水平不高，缺乏系统的 IT 信息解决方案，难以快速制定解决方案以保证订单履约的准确性并使客

户的个性化需求得到满足。

（四）生产要素价格持续上涨，推动了物流成本升高

由于物流从业人员的工资在近些年呈现出上升较快的趋势，对劳动密集型的物流企业影响较大。同时土地、房租在一些大中城市上涨很快，这就进一步给企业带来了很大的压力。

三、体制和政策层面

（一）物流市场体制尚不完善

目前看来，依旧没有形成一种统一开放、公平竞争、规范有序的物流市场体系，市场分割、垄断行为、诚信缺失等问题较为突出。地区间行政分割，缺乏统筹规划，想要进一步形成发展合力更是难上加难，物流、快递、配送车辆等要素自由流动存在一定的困难。

（二）物流管理体制尚不完善

由于物流活动具有跨部门、跨地区、跨行业的特点，因此就要求具体实施关于"大物流"的管理体制，目前中央层面，物流业管理涉及发展改革、商务、交通、铁路、民航、工信、公安、财政、海关、工商、税务、质检、标准等部门，这些部门虽然在整体上都做到了各司其职，但是缺乏相互之间的协调，难以形成一股强大的发展合力，对资源整合与一体化运作形成体制性障碍。

至于地方层面，物流地管理体制更是存在着很大的差别。

（三）税收、交通、海关等存在一些政策障碍，加大企业经营成本

1. 税收方面

税收方面，纳税环节众多，尤其是运输、配送、仓储等领域总是进行重复征税，物流各环节营业税税率出现不统一，这些都无疑加重了物流企业的税收负担，使得物流一体化运作和资源整合较为烦琐。

2. 交通方面

长期以来，收费公路一直都存在着"收费里程长、收费站点密、违规收费、超期收费、过高收费、乱罚款"等较为突出的问题。收费公路货运量占

中国公路货运量的70%以上，公路收费及罚款已占到运输型物流企业运输成本的1/3左右。

另外，各地“分期限行、限制货车进城、大幅提高停车费”等城市交通管控措施，也加大了物流企业的运输成本。

3. *海关方面*

在海关方面，从现行的一些物流通关和检验检疫的手续来看，相对而言要较为复杂，而且执行效率相对较低，至于通关的时效性也较差。

四、自然地理层面

对于自然地理环境来说，它不仅会对物流活动的空间范围有所影响，还会对物流活动的相关成本造成一定的影响。中国西部地区作为物流业的薄弱地区，可以说是未来交通运输建设和物流发展的一个重点和难点，因此，迫切需要加大投入与加快发展。

但是，西部地质地貌复杂多变，某些地区地广人稀，物流发展难度不小。复杂的地理环境将增加物流基础设施的资金、人力、物资的投入，对建设技术要求较高。加之西部地区物流量普遍小于东部，项目经济效益较低，这就使得西部地区的物流成本进一步加大。

第二节　连接全球的物流体系构建

一、世界进入全球连接的时代

当今世界具有的最重要的时代特征之一就是全球化。在一定程度上，全球化深化了国际分工，促进了全球经济增长和贸易扩张，推动了全球范围的人员、商品、资源、资金、信息、数据、知识和技术的流动。全球化要求各国间加强交通运输、物流、信息通信、互联网、金融、文化、制度等方面的连接。全球连接、全球流动进一步推动着全球化，从而使得全球经济增长得到进一步的推动。

对于美欧日等发达国家而言，它们在过去的数十年，一直着眼于全球市场和在全球范围配置资源，主导着全球连接，推动着要素、商品的全球性流动。

(一)美国

美国着眼于全球战略，将建设一个能够推动美国经济增长与发展的有效国内国际交通运输、物流与供应链体系作为国家战略任务，通过构建覆盖全球的物流网络、信息网络和供应链网络，以及对全球主要物流通道的掌控，实现其"买全球、卖全球、连全球、递全球"的全球战略目标。

（二）欧盟

对于欧盟来说，他们主张的战略主要是通过有针对性的建设一体化交通及物流网络，从而在最大程度上确保欧盟的产业和产品能够得到一个有效进入欧洲统一市场及国际市场的机会。

（三）日本

对于日本而言，他们则是进一步确立了流通立国的战略，通过实现与东亚之间的无缝衔接，建立将东亚与世界各地联系起来的综合国际交通运输系统和物流系统。

近些年，随着新兴经济体的不断兴起，中国、印度、俄罗斯、巴西等国不断增强全球连接能力，特别是中国在全球流动网络中的地位变得日益重要，成为与美国同等重要的全球流通枢纽。

除此之外，互联网、移动通信等信息网络技术得到的广泛应用，进一步使得中小企业能够与传统跨国企业一道，积极参与关于全球连接的大潮流。

二、中国连接世界的物流能力尚待加强

2010 年，中国成为世界第一制造大国，在 2013 年的时候，中国成为世界第一货物贸易大国，其中，2013 年中国国内物流市场规模超过美国成为世界第一。

目前来看，中国的铁路、公路、港口等货运量、货运周转量排名世界第一，快递量居世界第一，内河里程、高速公路里程、高速铁路里程位居世界第一，航空货运量和快递量位居世界第二。

但是，尽管如此，中国并不是一个物流强国。世界银行发布的物流绩效指标表明，从基础设施、物流能力、海运能力、通关效率、货物跟踪、及时性等维度衡量，中国落后于发达国家很多，但领先于发展中国家。麦肯锡的研究表明，美国和德国是全球连接能力最强的国家，而对于中国而言，其全球连接能力只达到了它们的一半。

根据相关调查可知，中国国际海运在全球海运市场中控制力相对较弱，国际海运运力规模仅相当于德国、日本的 2/3，外贸进出口海上运输承

运仅为 1/4。中国对主要国际海运通道影响力小。从中国国际航空货运网络、国际快递网络、跨境仓储配送体系的建设看，目前还是起步阶段。

关于国际物流服务标准制定的话语权，中国也相对较为缺乏。中国的产品出口虽然已经覆盖了 220 多个国家和地区，但中国尚无一家物流企业具有全球递达能力，而 UPS、FedEx、DHL 等国际快递巨头具有全球递达能力，其物流网络对 220 多个国家和地区进行了大面积的覆盖。

三、中国连接世界的全球物流体系构想

（一）战略思路

应对于连接世界的全球物流体系进行实力打造，牢牢把握全球化和国际格局变化的新特点，紧紧围绕着中国全球化战略和全球生产、流通、贸易需要，本着“利他共生，共创共享，互利共赢”原则，加强与各国战略对接，以“一带一路”建设为时代契机，系统构建起一个“以中国为核心，连接世界各大洲，通达主要目标市场”的全球物流和供应链体系，实现中国的全球连接、全球网络、全球服务、全球解决方案，为中国由大国变为强国奠定扎实的物流基础。

（二）战略目标

对于中国密切连接周边国家和地区、涵盖“一带一路”沿线国家以及主要国家目标市场的物流服务网络进行积极的建立，最大限度地形成一种高标准的全球物流服务能力，强有力地支撑中国的全球生产、全球流通和全球贸易。到 21 世纪中叶左右，中国就可以成为全球连接和服务能力最强的一个国家。

（三）战略任务

“四梁”“八柱”进一步构成了中国连接世界的全球物流体系。所谓的“四梁”，即全球物流信息系统、全球物流标准体系、全球物流政策体系和全球物流运营体系；而“八柱”，即中国的国际铁路运输网络、国际公路运输网络、国际航空货运网络、国际海运网络、国际管道网络、国际快递网络、国际仓储网络和国际配送网络。具体如图 4-1 所示。

1. 构建国际铁路货运网络

国际铁路货运网络，主要是以中国为具体的起点，东北方向联通俄罗

斯、蒙古、日本、韩国,西北方向联通欧洲、中西亚、非洲,西南方向联通中南半岛、印度、巴基斯坦。进一步加强与太平洋、大西洋、印度洋主要国家的国际铁路运输合作。

把中国陆路商贸通道、能源通道、交流通道进行打通,切实推动中国铁路技术标准、技术装备、工程建设、运营管理及相关产业走向世界,使得布局合理、标准适用、安全高效的国际铁路货运网络得以构建。

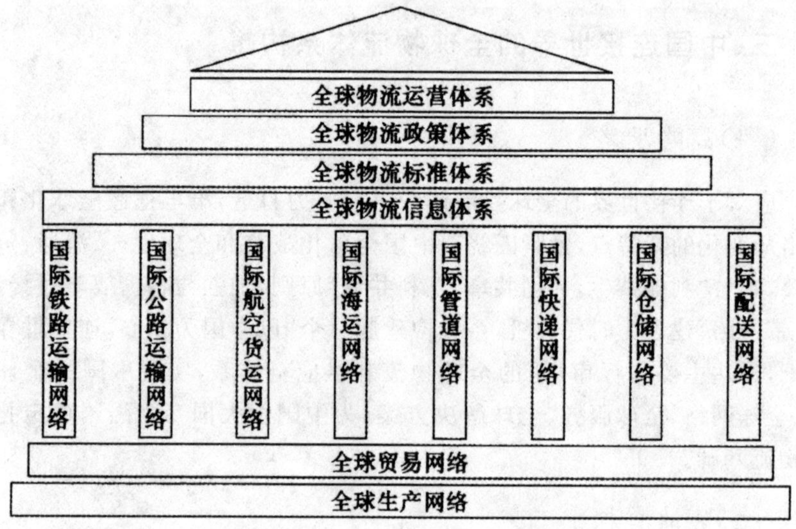

图 4-1　中国的全球物流体系架构

2. 完善国际海运网络

(1)合理完善中国的海运航线与全球港口布局,使得中国与贸易伙伴国之间的海运能力得到有效的增加,大力推进中国与各国(地区)海运基础设施的互联互通。

(2)切实提高中国与发达经济体之间的海运航线密度,有针对性地加强中国与新兴经济体之间的海运班轮航线,努力开拓北极、南极海域航线。

(3)对于全球港口码头的资源整合应不断加强,积极完善中国海外港口码头布局。

(4)大力完善国内沿海的主要货类海运系统。

(5)对于国际海运基础设施的投资、建设和运营,应该积极参与其中,进一步使国际海运合作网络有所扩大。

(6)切实加强中国的国际航运中心建设。

(7)积极推动海运开放发展,参与全球海运治理之中,进一步加强国际海运通道安全保障的实际能力。

3. 完善国际公路货运网络

(1)大力建设中国与周边国家的公路通道体系,并对其进行有效的完善,积极参与亚洲公路运输系统和全球公路运输系统建设。

(2)促使中国与"一带一路"沿线国家重要公路网的连通性得以有效提高,在整体上形成一条"一带一路"国际公路运输通道。

(3)广泛参与境外公路基础设施的"全链条"环节。

4. 完善国际航空货运网络

(1)加快进程努力完善国际航空运输网络,使得航空运输网络辐射范围得以不断地扩大。在最大程度上推动中国与周边国家航空货运一体化。

(2)进一步切实提高中国与发达经济体之间的航空线路密度,不断地增加中国与亚、非、拉等新兴经济体之间的国际航空线路。

(3)切实增强中国的国际航空货运枢纽机场功能,实现国际航空货运跨洲多枢纽网络运作。

(4)加强境外航空货运机场和航空物流中心战略布点,支持国内企业收购或参与管理境外机场。

(5)支持航空货运、航空物流、航空快递企业深化与国际专业服务机构合作,拓展国际航空货运服务市场。

5. 完善国际管道网络

进一步加强中国与主要油气供应国、途径国、中转国、消费国的国际管道连接。重点推进中国与中亚、中东、俄罗斯、东南亚、南亚、西亚、东北亚的国际油气管道的互联互通,推动构建"泛亚油气管输体系"。完善中国的海上油气进口通道建设。推动中国与周边国家共同能源市场、油气交易与定价中心建设。完善国际油气储备库的建设。着力将中国打造成为亚洲油气管网重心和贸易中心。

6. 构建全球物流信息综合服务平台

对中国物流企业信息化、数字化水平进行加快提升,按照"统一标准,对等开放,互联互通,共享服务"的理念,构建全球物流信息综合服务平台,收集处理国内外各物流活动主体、各环节及物流资源的信息,为物流企业提供国际物流运行的实时在线信息,对于国际物流资源配置和运行控制进行相关的优化。

四、打造全球物流体系的保障措施

由于对全球物流体系进行构建的过程中，工程宏大、任务艰巨，因而，就需要中国与世界各国、各利益主体协力合作完成。

（一）加强与各国战略对接及政策沟通

应该进一步将构建连接世界的全球物流体系纳入"一带一路"战略。就国际物流发展政策和规划与各国进行充分协调，联合制定合作规划和实施方案，协商解决合作中的问题，共同为推进务实合作提供有力的政策积极支持。

（二）加强资金保障，创新融资方式

对于国家投资、地方筹资、社会融资、国际资本相结合的多渠道、多层次、多元化投融资模式，应该进行积极的完善。积极探索 PPP 模式，广泛吸收社会资本、各国公共资本、国际机构资本等参与到全球物流体系建设中来。

对于一些重大建设项目应该给予财税支持、实行零税率或免税。按照风险可控、商业可持续原则，积极创新金融产品和服务，不断地加大金融支持针对领军物流企业、创新型物流企业。

（三）支持国内物流企业集团整合国际物流资源

通过合理、有效联合、收购、兼并、重组等，能够在很大程度上加快形成有国际竞争力的物流企业集团，从而打造若干家具有全球运营能力和资源配置能力的世界级物流企业。

（四）充分利用各种渠道

应该充分利用政府、驻外机构、行业组织、企业等多种渠道，多层次、多方位地开展国际交流与合作，在物流企业开展过程中，为国际物流服务提供相关的信息服务和必要的支撑与协调。

第三节　物流业发展政策体系的完善

一、推进大物流管理体制

物流其实是一种具有明显综合性的经济活动，它经常能够涉及国民经

济众多部门和领域，物流活动的高效率需要物流各环节之间的有效协调，降低物流活动各环节协调的成本。

从全国一盘棋的角度来看，理顺物流领域中市场与政府、中央与地方、部门与部门、地区与地区之间的关系，通过机构和职能的合理调整、权责的合理配置，探索建立起“权责一致、分工合理、决策科学、执行顺畅、监督有力”的大物流管理体制，统筹协调不同运输方式、邮政、快递、仓储、配送、包装、装卸搬运、流通加工、货代、信息等领域。

通常来说，大物流管理体制在很大程度上有利于科学制定全国物流发展总体战略和整体发展规划，推动国家物流系统、全球物流体系和物流现代化的建设，有利于统筹全国物流资源的空间布局，推进省际和跨国合作，防止盲目和重复建设，避免政策碎片化和政策冲突，使得全社会物流资源配置效率能够得到一种有效的提高。

二、完善物流市场机制

完善物流市场机制，就需要不断地推动物流市场化改革，健全市场规则，完善价格机制。建立公平透明的物流市场准入标准，放宽对物流企业资质的行政许可和审批条件，改进审批管理方式，建立基于负面清单基础上的市场准入机制。消除地区和部门壁垒，形成“统一开放、规范有序、公平竞争”的物流市场。

积极鼓励物流企业开展跨区域网络化经营。加强对物流市场以及物流活动在安全、服务质量以及资源、环境方面的监管，加强对物流市场不正当竞争和各种垄断行为的监管，监督企业社会责任。构建涵盖“合同规制、物流企业内控、政府监管、行业自律、社会公众监督”的“五位一体”的物流信用规制体系。

对于物流企业和从业人员信用记录进行有效的完善，纳入国家统一的信用信息平台。建立跨地区、跨行业的联合惩戒机制，增强企业诚信意识。鼓励企业通过整合资源提高物流市场集中度和集约化运作水平，使得低水平的无序竞争得以减少。

三、推进铁路、邮政等领域的改革

（一）大力推进铁路领域的改革

遵循铁路行业的具体发展规律，从铁路服务于国民经济和社会发展全局出发，始终做到坚持市场化改革方向，做到整体的统筹安排，对政府与市场、企业、社会、中央与地方责任进行合理安排，放宽准入、价格和投资的相关限制，重塑市场主体，进而激发铁路企业发展活力。

(二)加快推进国有邮政企业改革，全面激发邮政企业活力

邮政企业应把握好物流业大发展的机遇，以服务民生和经济社会需求为导向，进行全方位的提升，着力做大寄递主业，对匹配消费者需求的能力予以不断增强。根据具体的形势变化，对普遍服务的边界、内容和服务水平进行一个科学界定。

当然，至于公路、水运、民航、管道、城市交通等方面的体制机制改革也有待进一步的推进。

四、完善财税、金融、工商、交通、海关等政策

(一)形成适合物流业发展的税收政策

解决仓储、配送、货运代理、快递、运输营业税税率不统一问题，逐步实现各环节使用统一的发票，设置统一税率。符合条件的大型物流企业总分机构统一申报缴纳所得税，对于物流企业与银行间开展总部对总部结算模式予以一定的支持。

(二)大力发展物流金融、供应链金融和物联网金融等

积极探索物流基础设施建设的 PPP 模式。加快投融资体制改革，使得筹融资主体多元化、筹融资渠道多样化、筹融资形式多样化、筹融资结构合理化的投融资新格局得以形成。

(三)改进工商和营运管理等政策

调整物流相关业务的资质登记要求，精简相关资质证明，资质证明允许企业分支机构在全国通用。扩大营运证件跨区域使用范围，允许物流企业运营车辆能够在异地进行年检。

(四)完善和优化收费公路政策，降低收费水平

完善和优化收费公路政策，就需要进一步降低收费水平减少收费公路范围。在相关方面建立健全城市的交通政策，最大限度地解决关于城市配送车辆进城难、停靠难问题。

（五）完善和优化海关政策，推进通关便利化

对于国际货物通关规则进行不断的优化，打造高效率、低成本、方便快捷的通关流程，减少货物通关时间，提高通关效率。建立一个集报关、检验检疫、税收等一体的通关信息平台，实现货物在线申报、文件在线提交、数据在线传输、费用在线支付等。把通关一体化、无纸化进行全面的推进。

五、完善物流产业组织政策

对于具有优势的物流企业强强联合进行鼓励，培育规模化、品牌化、现代化的大型物流企业集团。鼓励不同规模的物流企业加强信息沟通，优势互补、合作共赢，实施提升服务能力、质量、专业化水平和特色化的兼并重组。支持国有物流企业深化改革、完善机制、业务重组和优化治理结构，推动国有物流企业战略性重组。鼓励民营物流企业通过参股、控股、资产收购等多种形式，参与国有物流企业的改制重组。鼓励区域内以及不同区域间的物流企业兼并重组。针对行业外社会资本进入积极鼓励，对于生产、流通企业与物流企业联合重组予以支持。

六、完善区域物流政策

通过以大力建设“长江经济带”“丝绸之路经济带”“21世纪海上丝绸之路”“京津冀协同发展”为契机，牢牢抓住国家实施区域发展整体战略和产业布局调整优化的机遇，发挥全国性和区域性物流节点城市的辐射带动作用，推进区域物流协调发展。

对于进一步建设重点物流区域和联通国际国内的物流通道也要有所加快，促进物流基础设施互联互通和信息资源共享。处理好东部与西部地区之间物流平衡发展的关系，处理好新建物流基础设施与整合利用现有条件之间的关系，防止盲目建设和重复建设，使得资源浪费的现象避免发生。

七、完善物流创新政策

面对物流领域迅速出现的新技术、新服务、新商业模式（例如，基于分享经济、众包经济的物流、快递、配送模式对传统产业有很大冲击，对传统监管机制与规则带来挑战），相关政府主管部门应该理智采取“包容、开放、创新、审慎”的态度，允许先行先试，创新监管机制和规则。

在创新中规范新商业模式，在规范中促进物流业创新与发展。让市场决定创新资源的配置，推进物流创新模式的发展。支持物流企业创新合作

和联盟。推动建立以企业为主体、市场为导向、产学研相结合的创新体系，营造有利于物流企业创新发展的环境。支持物流企业技术创新、组织创新、服务创新。对于物流企业与相关产业之间融合创新进行大力支持。

八、完善物流标准化政策

针对国家物流标准体系框架应予以一定的完善，进一步不断加强通用基础类、公共类、服务类及专业类物流标准的制定工作。结合基本国情，加快对物流标准的修订和新技术标准的制定。注重与国际标准及其相关产业标准的衔接，密切跟踪国际标准动态和新技术的发展态势。

积极参与国际标准的相关制定，最大限度地加强国际合作和标准方面的协调。推进重点物流企业参与专业领域物流技术标准和管理标准的制定和标准化试点工作，加强物流标准的培训宣传和推广应用。加大物流标准的实施力度，使得物流服务、枢纽和设施设备的标准化水平得以提升。

九、完善绿色物流政策

建立相关的绿色物流评估标准和认证体系，进一步完善能耗和排放监测、检测认证制度。借鉴发达国家的实践经验，完善物流业在环境方面的政策法规。鼓励采用低能耗、低排放运输工具和节能型绿色仓储设施，大力发展回收物流，鼓励包装重复使用和回收再利用，构建一种具有低环境负荷的循环物流体系。

对于物流企业将环境保护纳入经营战略进行正确的引导，加强仓储、运输、包装、装卸搬运、流通加工、快递、配送等环节的环境管理和监督；引导和支持物流企业加强绿色运营的技术创新，积极实施绿色供应链管理，以资源利用率最大化为目标，在投入节约、原材料替代、污染控制和预防技术、废弃物循环利用、清洁生产等方面不断提高技术能力，改造现有物流装备，调整物流经营结构，使得物流服务绿色化水平得以有效提高。

针对运输结构不断进行优化，合理配置各类运输方式。大力发展共同配送、统一配送、多式联运等。加强铁路和水运建设，大力发展甩挂运输，推广使用节能和新能源物流车，促进社会低碳交通选择。提高交通运输装备燃料效率，加强交通运输碳排放管理。从源头上对物流企业造成的环境污染进行有效控制，针对车辆废气排放进行相关的治理。

十、完善物流人力资源政策

进一步加强物流经济、管理、技术、工程等学科建设和理论研究，制定中长期物流教育、培训和人力资源规划。实施全球化物流人才战略，大力引进国外高水平物流理论、管理、技术、工程和科研人才。加强高等院校、科研机构和行业协会、企业的合作，发展多层次学历教育和人力资源培训体系，加强职业技能教育，使得职业资格认证更为规范化。

十一、完善物流统计制度

不断地加强物流统计基础性的工作，建设一个相应的国家物流统计数据库，开展物流统计理论和方法研究，不断提升物流统计质量。对于物流统计数据及时发布和有效共享予以切实的推进。

十二、充分发挥行业中介组织的作用

让物流行业中介组织在政府与企业间的桥梁与纽带作用得到充分的发挥，发挥其在反映行业诉求、行业自律、技术推广、产业重组、统计信息、贸易争端、劳动者权益、民间外交、国外同行交流合作、咨询服务等方面的重要作用。

本章小结

本章重点围绕我国物流中长期的发展战略，作了相关的探究与论述。其中，在关于当前我国物流成本居高原因分析中，主要从体系层面、产业层面、企业和要素层面、体制和政策层面以及自然地理的原因方面作了具体分析；在关于连接全球的物流体系构建中，主要围绕世界进入全球连接的时代、中国连接世界的物流能力尚待加强、中国连接世界的全球物流体系构想以及打造全球物流体系的保障措施进行了重点论述；在关于物流业发展政策体系的完善中，主要围绕十三个方面作了相关的探究，分别是推进大物流管理体制，完善物流市场机制，推进铁路、邮政等领域的改革，完善财税、金融、工商、交通、海关等政策，完善物流产业组织政策，完善区域物流政策，完善物流国际化政策，完善物流创新政策，完善物流标准化政策，完善绿色物流政策，完善物流人力资源政策，完善物流统计制度，充分发挥行业中介组织的作用。

第五章　跨境电商与国际物流

跨境电商不仅在很大程度上冲破了国家间存在的障碍，而且进一步使国际贸易走向无国界贸易，同时它也正在引起世界经济贸易的巨大变革。国际物流又称全球物流，是指生产和消费分别在两个或两个以上的国家独立进行时，为克服生产和消费之间的空间距离和时间距离，对物资进行物理性移动的一项国际商品交易或交流活动，从而完成国际商品交易的最终目的，即实现卖方交付单证、货物和收取货款，而买方接受单证、支付货款和收取货物的贸易对流条件。

第一节　跨境电商概述

一、跨境电商的概念

跨境电商，实际上就是跨境贸易电子商务的一个简称，在国际上比较流行的说法是 Cross-Border Electronic Commerce，特指跨境网络零售，如外贸小额批发及 2C 类。

所谓的跨境，其实就是交易主体分属于不同的“关境”，具体而言，包括进出口，通过对互联网借助进而达成交易、进行支付结算，并采用快件、包裹等方式通过国际物流将商品送达消费者手中的一种交易过程，是一种国际商业活动。通常，从海关的角度来说，跨境电商就等同于在网上进行小包的买卖，主要是针对消费者进行。对于传统的进出口 B2B 货物来说，由于他们只能销售给进口商，并且需要签订相关的传统的外贸购销合同，准备箱单、纸质发票、报关单等纸质单证，所以是不属于跨境电商范畴的。

跨境电商将传统贸易流程变得数字化、网络化、碎片化，购买特点以小批量、多批次、单笔交易金额小为主，包括直接交易和相关服务，即“产品＋服务”，可按进出口方向、交易模式、平台运营方、服务类型等角度进行详细的分类。

新的全渠道(Omni-Channel)零售主要是指通过跨越实体和线上多购物渠道，随时随地地进行始终连接，从而在最大程度上实现一种无缝的购物体验，因为面临来自整合独立线上和实体店铺的政策风险和物流业挑战，所以，在零售业，它一直被视为最难以进行捉摸的"圣杯"。如图 5-1 所示。

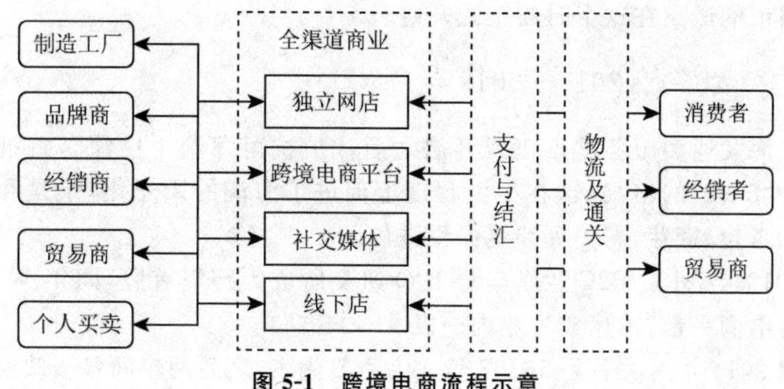

图 5-1 跨境电商流程示意

二、跨境电商发展历程

(一)萌芽期(2005 年之前)

对于这一时期的跨境电商而言，各国都处于推动境内电商发展的阶段，其所具有的配套服务不是很完善，消费者体验也没有达到一种绝佳的状态，外贸 B2B 是绝对主导。

(1)关于出口贸易的具体形式，在网上黄页展示的外贸信息服务，电商平台尚不涉及相关的在线交易环节。

(2)进口海淘主要是以留学生代购及边境口岸"蚂蚁搬家"的方式进行。

(3)跨境配套服务，如订单、物流、清关、货代、支付等仍停留在传统外贸层面。

(4)敦煌网于 2004 年成立，小额外贸 B2B 线上交易模式开始被行业逐渐有所认知。

(二)探索期(2006—2012 年)

eBay 在 2006 年退出中国，并在此之后展开了全球性的外贸服务，大卖家兰亭、环球易购、有棵树、大龙网、米兰网、纵腾、炽昂等先后成立起来。

淘宝网"全球购"在 2007 年正式上线，随着 2008 年"毒奶粉"事件的发生，成为海淘代购及物流转运发展的催化剂，到了 2009 年，深港"一签多行"的政策正式实施，在很大程度上加速了代购及水货入境的速度。

阿里巴巴集团于 2010 成立了速卖通，对于跨境 B2C 在线交易进行了相关的拓展；由于进口直邮持续火爆的状态，海关便适当地调整了个人物品行邮税。

发改委和海关总署于2012年年底，在郑州召开了动员大会，关于跨境电商城市的试点在这个时候正式开启。

(三)发展期(2013—2019年)

在海关通关服务试点正式开启之后，"沪杭甬郑渝＋广深"，首批形成了一种"5＋2"的格局，这在很大程度上促进了海淘的阳光化，于是和大批电商如考拉、蜜芽、聚美等涉足保税进口。

2013年，外贸B2C兰亭集势IPO纽交所成为跨境首股，同年Wish转型跨境电商平台，迅速成为业内一极。

以2014年海关总署56/57号文为主要代表，之后两年间各级政府密集出台几十个关于跨境的相关政策，其中详细涉及外贸、跨境支付、结汇退税、物流及海外仓等，国内物流企业纷纷在境外开始设点。

资本热度只增不减，百事泰、傲基、赛维等十多家跨境商家在新三板挂牌。

杭州跨境模式受到了很大的推动，2016年年初第二批12个跨境试点城市获批；4月针对跨境电商保税进口的新政实施，对相关的税收及监管手段进行了完善。

(四)成熟期(2020年以后)

(1)随着跨境电商配套政策、电子化监管模式逐渐地趋于一个稳定的状态，跨境电商公共平台作用会变得更加完善。

(2)全球邮政推进邮件电子化通关，2021年中欧世贸项目"欧盟海关代码"，便利小件包裹跨境物流。

(3)进口商品的多渠道、多模式逐渐趋于一个均衡的趋势，消费者的权益在很大程度上得到了保障。

(4)各大跨境电商平台积极提供一站式的外贸供应链服务。

(5)为全球更大范围提供多地区、多语种的外贸在线零售。

第二节　国际物流发运流程

一、国际物流包装

(一)包装材料介绍

由于跨境电商平台在进行交易过程中，订单金额较小，订单呈现一种极其分散化的特征，所以比较适合跨境电商的国际物流以快递类发货方式居多，多数是按 g 或者 0.5kg 为单位进行计费的，国际物流的成本会对商品的价格竞争优势造成直接的影响，所以如何控制包装成本就显得非常重要，这既要对重量进行控制，同时又要让包裹里的产品在跨越重洋的运输途中不能受到损坏。一般来说，国际物流常见的包装材料主要包括以下几个方面。

1. 气泡信封

气泡信封与一般的信封有着很大的不同，它是专门为了跨境电商货物运输特性而有针对性的研发出来的一种轻便型包装材料。通常来讲，气泡信封有两层，外层是白色、黄色或者棕色牛皮纸，内层是粘在外层牛皮纸内壁上的一层气泡膜。气泡信封同时自带封口胶，使用非常方便。

当然，也有部分气泡信封会把常见的小包邮政 CN22 报关签条印刷在背面，这么做的具体目的是为了节约贴报关签条的时间，同时重量也能节省一点点。

另外，也有部分定制的气泡信封，定制主要表现在整个信封只有一层，即用不透明高强度气泡膜直接做成信封，同时印刷上商家的 LOGO 或者网址，这样，给人的整体感觉要显得高档、大气，同时也为商家提供了一个非常不错的广告效益。

一般而言，货代公司都可以提供相应的气泡信封，但不同的货代公司提供的气泡信封规格会不一样，因此售价也就不一样。这里，普遍把气泡信封从小到大分为 6 种大小，或者 7 种大小，叫一号、二号、三号、四号、五号、六号、七号，它们分别被用在包装不同的产品方面。对于那种用最大号气泡信封仍然装不进的产品，应该改装纸箱，因为纸箱强度相对大而结实。

2. 气泡膜

在发小件的过程中，气泡信封是必不可少的，那么，相对而言，气泡膜是发大件不可或缺的材料。

对于气泡膜本身而言，它是一种双层的塑料膜，既可以单层做成气泡，也可以双层都做成气泡，这样就把气泡膜划分成单层气泡膜和双层气泡膜。根据气泡直径的大小，又可以分为小颗粒气泡膜和大颗粒气泡膜。根据气泡膜用料又可以分为全新料气泡膜和再生料气泡膜，全新料气泡膜表面光滑、透明、有质感，价格稍高；再生料气泡膜表面稍显粗糙、透明度和质感稍差，但价格较便宜。

从以往的包装经验来看，结合客户体验，最好使用全新的料气泡膜，因为这样气泡膜质量较好，可以更好地保护产品的同时，还能使客户收到之后感觉比较舒服。

市场上的气泡膜售卖通常是按公斤计费，或者按宽度和长度进行计费，按卷卖的话，大家可以根据自身产品打包的实际情况来采购具体的气泡膜。

3. 瓦楞纸箱

我们经常见到的纸箱，学名又叫瓦楞纸箱，按隔层数量一般可分为三层、五层或者七层，比较常见的自是三层和五层的纸箱。按纸皮强度又分为高强度纸箱和一般强度纸箱，发货比较常用的是一般强度纸箱，不仅成本便宜，还比较容易进行切割。

由于不同的公司会定制不同的系列瓦楞纸箱，所以，这个并没有十分固定的大小规格。而纸箱生产厂商也往往会根据市场热销品来专门为其量身定制合适的纸箱，定制纸箱的一个最大优势就是形状大小正合适、可以最大程度减少体积重、方便打包。

各种产品有着不一样的规格大小，而且各种规格的纸箱也不能适配每一个产品，所以，用纸箱打包的过程当中会不可避免的用到美工刀切割纸箱。这么做的具体目的主要是为了压缩体积重，同时也是为了避免纸箱里面装的物件出现晃动、避免国际运输途中造成相关的损失。

4. 胶纸

胶纸是平时进行打包使用量最大的一种包装材料。如果没有胶纸，那么，出货的工作就没有办法正常进行。胶纸一般分为透明胶纸、黄色胶纸、印刷胶纸、特殊胶纸。

在市场上，胶纸又具体分为宽和窄两种具体的规格，可分别适用于不同的环境之中。同时，市场上的胶纸由于生产工艺的不同，厚度也会有所不同，一般采购得到的是中等厚度的胶纸，而超薄胶纸往往用在对重量极为敏感的产品上，较为少见。

基于跨境电商需要通关的特殊性考虑，以及为了更好地尊重普遍目的国宗教信仰、风俗文化的因素考虑，最好使用透明胶纸和黄色胶纸。它们可以单独按卷进行采购，当然也可以按条采购(一条五卷)，按箱采购或者大批量采购也是可以的。

具体来说，透明胶纸在这些场景用得较多一些：①气泡信封用自带封口胶封口之后，再用透明胶纸覆盖一层；②透明胶纸覆盖普通打印机打印出来的地址标签；③透明胶纸覆盖手工贴到包裹上的挂号条码；④透明胶纸覆盖部分小包的报关签条(比如香港小包的绿色不自粘报关签条);⑤透明胶纸覆盖外箱客户标记(部分客户会要求把自己的标记用记号笔写在外箱上,用透明胶纸覆盖一层可起到防雨的作用)。

在使用透明胶纸的过程中,需要注意:①用透明胶纸覆盖挂号条码时一定要平整,避免中间留下气泡影响扫描枪扫描结果;②打包外纸箱时,一般情况下不使用透明胶纸,除非纸箱非常规整(干净无 LOGO 或者只带物流公司的 LOGO)。

黄色胶纸,一般而言主要用在这些场景之中:①部分产品用气泡膜包裹两层之后就可以直接发货,此时应再用黄色胶纸整体覆盖一圈,一是可以防水,二是增加强度;②黄色胶纸覆盖普通纸箱外包装(主要作用是防水);③黄色胶纸覆盖切割过后的纸箱的外包装(既防水,又增加强度);④黄色胶纸覆盖重复利用的纸箱的外包装(遮住原先纸箱外面可能存在的 LOGO、防水、增加强度)。

在使用黄色胶纸的过程中,应该注意:①黄色胶纸一般不用在对气泡信封封口上;②用黄色胶纸打包时应避免覆盖如地址标签之类的重要信息。

5. 包装袋

带封口胶的塑料袋就是包装袋,关于跨境物流使用包装袋,完全可以用于直接包装衣服之类的物品,不用担心被压、被摔的情况出现。

由于包装袋大小不一,进而使得不同规格的包装袋价格也有所不同。包装袋具有防水、防划伤的特点,能够较好地对内装产品进行保护。

这里需要注意的一点是,在包装袋表面所贴的各类标签一定要注意贴平整,如果在贴标签的时候包装袋表面留有一定的内陷空隙,那么很可能会在运输过程中因包装袋扯动变形而最终导致标签被撕破难以进行识别。

6. 快递袋

一般物流公司所提供的带有物流公司 LOGO 的包装袋就是所谓的快递袋,相比包装袋,快递袋的做工更为精良,而且快递袋的背面通常都有一个层叠式的不封口塑料袋,用于装形式发票。快递袋通常只有大小两种规格,而且一般情况下装快递袋的包裹不需要计体积重。

快递袋在进行包装的过程中需要注意:一般物流公司都不允许对快递袋进行折叠,只允许在封口处直接封口而不需要考虑剩余空间以及内件是否会晃动。这样做的目的主要是为了提高作业的效率,同时为了避免因折叠而使其中的形式发票丢失。

7. 珍珠棉

作为近年来兴起的一种新的包装材料,珍珠棉主要用于在某些场合对气泡膜进行代替。珍珠棉的特点是:轻、容易切割、不会像气泡膜那样因为气泡破裂而失去保护作用。珍珠棉一般按卷采购,采购回来之后根据实际需要切割成不同大小,在打包时更为方便。

但是,珍珠棉具有的缺点也很明显,由于具有强度和韧性,所以想要像气泡膜那样严丝合缝地包住产品是有难度的,在进行打包操作时这一点需要格外注意,避免无法保护产品的关键部位。

8. 泡沫箱

在包装材料中,泡沫箱并不是一种常用的材料,但是它在3C类电子产品中却是必不可少的,主要对手机、昂贵手表、钢化玻璃膜等带屏幕或者极易受到外力碰撞影响的产品进行包装。

对于跨境电商而言,他们使用的泡沫箱一般都是指小泡沫箱,长宽高都小于等于20cm的泡沫箱,这类泡沫箱质地很轻,却非常坚硬,通常由两部分组成,矩形的箱体和带有内凸起酯箱盖。泡沫箱的箱壁厚度大约在0.5cm到1cm之间,放进泡沫箱的产品需要辅以适当的填充,以此保护产品在箱内减少晃动。产品放进泡沫箱之后还需要用黄色胶纸覆盖泡沫箱,或者再套一层包装袋,然后再在最外层贴条码和地址标签等物料。

根据上述的具体包装,我们得知用泡沫箱打包较为麻烦,但是,这样做的好处就是可以保证产品放进去是什么样子客户收到的时候就是什么样子。所以,带屏幕和贵重产品在进行发货的过程中,可以优先选择泡沫箱进行打包。

9. 气柱袋

一般在发运带大屏幕电子产品的过程中,气柱袋是必备的材料,这就需要配合充气机或者打气筒使用。气柱袋的原始形态是一个一体化的扁平塑料,充气之后就会变成一个中间是空的、周围有若干个独立气柱、底部密封、上端开口的特殊气囊。气柱袋这种若干独立气柱半包围的结构可以很好地弥补气泡膜强度不够、气泡容易破裂等缺陷。

气柱袋在进行使用过程中,需要注意:①不要充气过量,容易充爆或者让气柱袋接近破裂的临界点;②不要往气柱袋里面装尖锐的物件,容易引起气柱破裂;③气柱袋外面需要套一层包装袋。

10. 木架

在众多的打包方式中，木架是极少用到的一种打包方式，因为它主要被用在陶瓷制品、竹木制品的外包装上，在海运方面比较常用。

采用木架包装，并不是有一个刚好合适对应纸箱的木架子，而是在发现用了高强度纸箱之后仍然不足以保护纸箱里面所装载的产品时我们需要用若干根木条分别对纸箱各条边进行包围加固处理。打木架的好处是显而易见的，由木架来承受压力，纸箱内部的陶瓷或者竹木制品几乎不会受到什么外力，最大程度保护了产品。

但是，由于各国的海关对于原木进口的管制十分严格，因而，使用原木木架进行打包的包裹都需要提供一份有关木架的熏蒸证书才可以。不仅如此，打木架还属于一项技术活，它并不像割纸箱那样简单，需要有专门的人来进行操作。

（二）常用物料介绍

1. 挂号条码

所谓的挂号条码，具体是指邮政小包所使用的具体跟踪号，英文叫 Tracking Number，具体有两种情况，分别为粘贴的和打印的。一般我们个人去邮局寄国际挂号小包就会用到粘贴的挂号条码，而我们通过部分后台系统与邮局直接对接的货代公司发货则可以生成一种打印的挂号条码。

一般来说，挂号条码通常是由 13 位组成，第一二位是字母，第一位往往是 R，第二位则没有明确的固定，从第三位到第十一位全部是数字，最后两位是对发件邮局所在国家或地区的一种简写。

例如：RA123456789CN，这个具体表示的就是中国邮政的挂号小包；RB123456789HK，这个表示的是香港邮政的挂号小包；RQ123456789SG，这个表示的是新加坡邮政的挂号小包。

在使用挂号条码的过程中，需要注意：①最好在挂号条码上覆盖一层透明胶纸，防止雨水浸湿影响邮局扫描操作；②在挂号条码上覆盖透明胶纸时需要注意中间不要留有气泡，否则会影响扫描；③挂号条码是稀缺的一次性资源，请不要随意浪费；④一般情况下，挂号条码一经扫描上网，就算后续退回给了发件人，不能再进行第二次使用。

2. 报关签条

所谓的报关签条也称作报关单，它主要是给发件国和目的国海关看的有关包裹内件物品详情的一个具体申报。目前，通用的报关签条通常采用CN22的格式，CN22格式对于报关签条进行了明确的规定，像内件物品类型、物品详情(物品名)、物品数量、物品价值、签名等都是具体包括的项目。

发件邮局的不同致使所提供的报关签条颜色和具体款式也会存在很大差别。报关签条也可以按规定格式打印出来直接贴在包裹上使用，也有部分气泡信封直接把CN22格式的报关签条印刷在背面，这样可以使贴报关签条的工作在很大程度上得到减少。

3. 航空标签

一般在指示这个包裹是航空件的时候，会使用航空标签进行表明，这是航空包裹中不可缺少的一个部分，当然也可以用来印刷在气泡信封上。

我们在日常的仓库操作过程中不需要对航空标签进行太多的关注，因为要么就是气泡信封上直接印着有，要么就是集成化地在一张标签纸上印刷了航空标签，实在没有贴的话，到了货代公司那里，其会帮忙完成这一任务。我们认识航空标签，知道它具有的作用和出现的场合就可以。

4. EMS面单

中国EMS、中国香港EMS、新加坡EMS都是我们通常能进行发的EMS，但是一般来说接触得较多的还是中国EMS，以中国的EMS为例，EMS面单是集发件人、收件人、报关信息、跟踪号为一体的面单，形式可以手写也可以打印。面单左边是发件人信息、右边是收件人信息、左下是申报详情、右上是跟踪号，所有信息都非常的清晰明了。

但是，即便如此，依旧需要注意两个方面。①EMS面单如果采用手写形式的话，一定要注意书写字迹保持清晰工整；②EMS面单如果要打印的话，必须使用针式打印机进行打印。

5. 快递面单

所谓的快递面单，其实也就是快递底单，它的大概内容和EMS面单类似，但是快递面单上的条码不能叫跟踪号，而是叫参考单号，又叫原单号。快递面单上的参考单号不能直接用来查询相关的跟踪信息，所以，我们在填写发运单号的时候不要填这个参考单号，而要把货代公司或者物流公司提供过来的转单号填进去才行。

总而言之，作为跨境电商的相关从业人员，仓库里的各种物料消耗是比较快的，我们应该定期检查各种物料的消耗情况，及时补充，避免出现因物料不够而影响发货的情况。

二、发货处理

关于国际物流的发货处理具体流程，这里主要以阿里巴巴的速卖通发货处理为例，进行相关的介绍。

（一）关于线上发货流程

1. 速卖通线上发货

采用“线上发货”的形式，主要是由阿里巴巴全球速卖通、菜鸟网络联合多家优质第三方物流商合力打造的一种物流服务体系。

当卖家使用“线上发货”的具体形式时，那么就需要在速卖通后台在线下物流订单，物流商上门后（或卖家自寄至物流商仓库），卖家可在线支付运费并在线发起物流维权。阿里巴巴作为第三方将对物流商服务质量进行全程的监督，对卖家的权益予以切实的保障。

2. 线上发货的优势

（1）具有关于卖家保护政策。

①平台网规认可。在确定使用线上发货且成功入库的包裹，买卖双方均可以在速卖通后台对全程物流追踪信息进行查看，且平台网规认可。如果后续卖家遇到买家的投诉，无须再提交发货的底单等相关物流跟踪信息证明。②规避物流低分，提高账号表现。在进行每个月卖家服务等级的评定时，凡是使用线上发货的订单，因物流原因导致的低分可予以抹除。③针对物流问题有相关的赔付保障。阿里巴巴作为第三方将全程对物流商服务进行监督，卖家可针对丢包、货物破损、运费争议等物流问题，在线发起相关的投诉，并获得一定的赔偿。

（2）运费要比市场价低，支付更快捷方便。

①可享受速卖通卖家专属的合约运费。由于低于市场价，所以只发一件也可以享受相关的折扣。②在线可以采用支付宝进行付费。国际支付宝账户中未结汇差不多也能付运费，除此之外，还能下载相关的运费电子账单进行对账。

（3）渠道移动，时效更快。

①有着较为稳定的渠道。能够直接和中国邮政等物流商进行对接，安全可靠。②时效非常快。根据平台的相关数据显示，线上发货上网时效、时效都要高于线下很多。③物流商对于具体的运达时间进行承诺。因物

流商自身的原因,在承诺的时间内未送达而引起的限时达纠纷赔款,通常需要由物流商自己进行承担。

3. 线上发货和线下发货的区别

(1)线上发货。采用线上发货,会有相关的卖家保护政策,而且相关的物流商服务也会有一定的保障,承诺具体的运达时间,支持卖家在线进行投诉维权。

(2)线下找物流商发货。这里需要提醒的一点是:需谨慎选择口碑好、有一定保障的物流商。

(二)线下发货流程

采用线下发货主要是相对于线上发货而言的,因为发货除了能使用线上的物流渠道,卖家用任何其他非线上物流方式发运订单统称为线下发货。线下发货一般是跨境电商的一种较为传统的发运方式,可以通过邮局或者四大快递官方来发运,但更多的还是选择和货代公司进行相关的合作。

通常来说,公司规模较大或者日常订单数量较多的卖家,可以考虑和邮局或者四大快递直接谈合作。但是,如果是一般的中小卖家,由于日常订单的量不足以和邮局或者四大快递公司谈到一个合适的折扣,所以,进一步借助货运代理公司来拿到优势折扣价就显得非常有必要。

货代是货运代理公司的一个简称。货代公司和邮局或者四大快递有着较好的合作关系,他们能拿到很有优势的折扣。如果我们和邮局或者四大快递官方无法谈合作的话,可以选择把货交给货代公司。

每一家货代公司都有着属于自己的一定优势渠道,通常会对常规渠道进行一定的覆盖,在选择货代公司的过程中,不但要参考货代公司的报价,还要周全考虑货代公司的服务、口碑和责任心。

由于目前市面上的货代公司数量众多,它们具有的服务水平也是良莠不齐,为了让卖家能够得到更多实惠和便利,应该选择做事可靠、服务态度好、价格相对有优势的货代公司进行服务。

三、物流运输方式

国际物流在运输过程中,会涉及很多运输方式,根据具体的使用运输工具和运输路线,主要有以下几种方式,见表5-1。

表 5-1 国际货物运输方式

<table>
<tr><td rowspan="2">陆上运输</td><td>铁路运输</td><td colspan="2">国际铁路货物联运、内地与港澳地区的铁路货物运输</td><td rowspan="9">联合运输国际多式联运</td></tr>
<tr><td>公路运输</td><td colspan="2">国际铁路货物联运、内地与港澳地区的公路货物运输</td></tr>
<tr><td rowspan="4">水上运输</td><td rowspan="3">海洋运输</td><td>沿海运输</td><td rowspan="4">河海联运</td></tr>
<tr><td>近海运输</td></tr>
<tr><td>远洋运输</td></tr>
<tr><td colspan="2">内河运输</td></tr>
<tr><td>航空运输</td><td colspan="3">国际航空货物运输、内地与港澳地区的航空货物运输</td></tr>
<tr><td>管道运输</td><td colspan="3">国际管道货物运输</td></tr>
<tr><td>邮政运输</td><td colspan="3">国际邮政运输</td></tr>
</table>

第三节 国际物流风险管理

国际物流风险管理，其实就是所谓的风险管理。风险管理的主体在明确确定自己的经营目标后，需要确定具体的风险管理流程。风险管理流程具体包括以下六个方面。

一、风险识别

整体而言，风险识别是一个相对较为复杂、连续并且长期的过程，它也是风险管理主要流程的一个重要性开端。目前使用的风险识别方法主要有以下几种。

（一）流程图法

流程图法又称为生产流程分析法。生产流程具体是指在生产工艺过程中，从原料投入到成品产出，通过一定的设备按顺序连续地进行加工的过程。

该种方法强调根据不同的流程，对每一阶段和环节，逐个进行调查分析，把风险存在的原因找出来。在物流中，可以按照物流的各个流程具体使用该种方法。

（二）风险专家调查列举法

风险专家调查列举法，其实就是由相关的风险管理人员将该风险管理主体可能会面临的一些风险逐一列出来，并根据不同的标准进行详细的分类。

对于这种分类，一般专家所涉及的面相对要更广泛一些，比较而言有一定的代表性。如直接或间接，财务或非财务，政治性或经济性等是进行分类的一般标准。

（三）资产财务状况分析法

资产财务状况分析法，就是风险管理人员按照企业的相关财务资料，经过实际的调查研究，进而分析企业财务的具体状况，并找到其所存在的潜在风险。

（四）分解分析法

所谓的分解分析法，则指将一种较为复杂的事物经过一定程度的分解，使其变为多个比较简单的事物，将大系统进一步分解为具体的组成要素，从中再进行详细的分析，把可能存在的风险及潜在损失的威胁找出来。

当一个风险管理主体对风险进行识别的时候，应当针对各种方法进行一个交叉使用，以免使某个环节出现遗漏。

二、风险衡量

在对风险进行衡量的过程中，主要是在对过去损失资料分析的基础上，对概率论和数理统计的方法进行运用，进一步对风险进行定量分析和具体的描述。

三、风险评价

（一）风险评价的类型和特点

1. 风险评价的类型

风险评价按照不同的划分标准被分为不同的类型：按照评价的时间，风险评价可以分为事前评价、事中评价、事后评价；按照评价方法的不同，风险评价可以分为定量评价、定性评价和综合评价。

2. 风险评价的特点

(1)风险评价是对风险的综合评价。在诸多风险因素中,有一些风险因素之间是互相联系的。它们之间的联系既有可能使风险事故发生的概率有所提高,也有可能使风险事故发生的概率得以降低。在进行风险评价过程中,必须进行一个综合的考虑。

(2)风险评价离不开特定的社会环境。对于一个风险管理主体而言,它是不能离开它所处的社会环境的。例如,一个国家的气候如何、政局是否稳定、法律制度是否健全都会对风险管理主体所遇到的风险形成一定的影响。

(3)风险评价受到评价者的主观影响。由于评价者具有的个性、风险评价能力有所不同,进而对风险评价的结果也会有很大的影响。不同风险评价者对各种风险的认识各有不同,于是就会给予不同的重视程度,最终使风险评价有不同的结果。

(二)风险评价的方法

1. 主观预测法

所谓的主观预测法,具体是指依靠对业务知识的熟练程度、具有丰富经验和综合分析能力的人员与专家,根据对历史资料和直观材料的相关掌握,运用个人的经验和分析判断能力,对事物的未来发展做出性质和程度上的判断,再通过一定形式把各方面的意见综合在一起,做出对风险的预见的方法。总体而言,这种方法更侧重于个人的主观能力。

2. 风险坐标图

风险坐标图,能够在一定程度上把风险发生可能性的高低、风险发生后对目标的影响程度作为两个维度绘制在同一个平面上,从而绘制成一个直角坐标系。评估风险发生可能性的高低、风险对目标影响程度主要包括定性、定量等方法。

(1)定性方法。所谓的定性方法,具体是直接用文字对风险发生可能性的高低、风险对目标的影响程度进行描述,如“极低”“低”“中等”“高”“极高”等。

(2)定量方法。定量方法是进行描述风险发生可能性的高低、风险对目标影响的具体程度,通常用具有实际意义的数量表示,如对风险发生可能性的高低用概率来表示,用损失金额来表示对目标的影响程度。

3. 关键风险指标管理

关键风险指标管理，具体是对引起风险事件发生的关键成因指标所进行的一种具体管理方法。具体操作步骤如下：①对具体的风险成因进行分析，从中找出关键成因；②将关键成因进行量化，确定其具体的度量，分析确定导致风险事件发生或极有可能发生时该成因的具体数值；③以该具体数值为基础，以发出风险预警信息为目的，加上或减去一定数值后形成新的数值，该数值即为关键风险指标；④建立风险预警系统，即当关键成因数值达到关键风险指标时，发出风险预警信息；⑤制定出现风险预警信息时应采取的风险控制措施；⑥对于关键成因数值的变化随时进行跟踪监测，一旦出现预警，立即把风险控制措施予以实施。

四、选择风险管理技术

（一）风险规避

风险管理技术包括风险规避在内，具体是指通过适当的变更计划对风险或风险发生的条件进行一定的消除，进一步保护目标免受风险的影响。

即使实施风险规避，也不完全意味着可以使风险得以消除。风险规避主要是让损失发生的概率有所降低，这就需要采取事先控制措施；还有就是使损失程度有所降低，具体包括两个方面，事先控制和事后补救。

（二）损失控制

所谓的损失控制，就是指通过采取各种合理的措施，使风险发生的概率在一定程度上有所减少，或在风险发生后减轻损失的一种具体程度。

在风险控制手段中，损失控制相对积极，它可以对风险规避的种种局限性进行有效的克服。进行风险评价时，特别要注意间接损失和隐蔽损失。制定损失控制措施还必须考虑其付出的具体代价，包括费用和时间两方面，而时间方面的代价往往还会引起费用方面的代价。对损失控制措施的最终确定，需要把损失控制措施的效果及其相应的代价进行一个综合的考虑。

（三）风险转移

风险转移，顾名思义是指将风险及其可能造成的损失全部或部分转嫁给他人。风险转移的方式主要包括以下两种。

(1)非保险转移。主要是通过订立合同，将风险以及与风险有关的损失转嫁给别人。在经济生活中，常见的非保险风险转移有租赁、互助保证、基金制度等等。

(2)保险转移。具体是指通过订立保险合同，将风险转移给保险公司。风险管理单位在面临风险的时候，可以向保险公司交纳一定的保险费，将风险进行转移。一旦预期风险发生并且在一定程度上造成了相应的损失，那么，保险公司这个时候必须在合同规定的责任范围之内，对其进行相关的赔偿。

五、风险决策

所谓的风险决策，就是根据风险管理目标，对相对适合的风险管理方案进行选择。在进行风险决策的过程中，必须要注意以下几个方面。

(1)对于各个人员的具体职责范围予以明确。对于风险管理主体中的各个人员而言，必须把各自具有的职权划分清楚，以免出现多头管理和互相推诿的现象。

(2)对风险决策的程序进行明确确定。进一步明确程序之后，严格按照程序进行相关的决策，这样可以在很大程度上避免风险决策的随意性，使风险管理方案的执行性有所提高。

(3)有了明确的决策之后，就要严格执行。如果有了具体的风险管理方案而不落实、执行，那么就等于没有方案，毫无意义。

(4)除此之外，还要进一步防止出现过度的防御与防御不足。过度防御通常指的是风险管理方案管得过死，这就会使风险管理主体过于畏首畏尾，裹足不前；而防御不足指的是风险管理方案准备不是很充分，对于可以避免的风险难以进行避免，或者不能使风险事故发生时的损失有所程度减少。

六、风险管理方案的实施

在进一步实施风险管理方案的过程中，它是贯穿于整个风险管理活动始终的。由于风险管理的目标靠的是把风险管理进一步落到实处，所以，关于风险管理方案的实施，也可以说它是整个风险管理流程中最为重要的、不可或缺的一个部分。

为了使风险管理方案的实施取得一个较好的效果，在进一步实施风险管理方案的过程中，需要注意以下几点。①整个单位上下应该透彻地理解风险管理方案。②制订明确的计划。整个单位有关于风险管理方案的具体执行计划,每个部门有各自的计划并与其他部门的计划能够进行交融,每个人还需要对自己的任务有所明确。③建立一种有效的监控机制,能够切实保证方案的具体实施。④对于方案执行过程中出现的偏差进行及时的纠正。⑤对于方案执行过程中出现的问题进行全面的分析,并不断对方案进行审查,以此明确确定方案应继续实施还是加以一定的修改。

第四节　中欧班列的发展

一、中欧班列:自由探索期铁总的实践

(一)2011—2013 年,中欧班列开行取得的主要成果

铁总开行的第一列中欧班列,主要是从重庆至德国杜伊斯堡的集装箱班列,该班列于 2011 年 3 月 19 日成功开行。从重庆团结村集装箱中心站始发,途经襄渝线、陇海线、兰新线运行,由于中国和途经的哈萨克斯坦铁路轨距存在很大差别,班列必须在新疆阿拉山口口岸换轨后才能出境,然后途经哈萨克斯坦、俄罗斯、白俄罗斯、波兰,最终到达德国杜伊斯堡站,全程约 11000 公里,运行时间约 15 天。重庆当地生产的 IT 产品是运输的主要货源。

2012 年 10 月 24 日,继"渝新欧"线路后,武汉至捷克、波兰的线路正式开通。该班列从武汉始发,经由阿拉山口出境,途经哈萨克斯坦、俄罗斯、白俄罗斯到达波兰等国家的各城市,行程总长 10700 公里,运行时间约 15 天。主要针对武汉生产的笔记本电脑等电子产品进行相关的运送。

2012 年 10 月 30 日,长沙到杜伊斯堡的线路正式开通发车。此线主要采用"一主两辅"的路线:其中的"一主"具体为长沙至杜伊斯堡;而所谓的"两辅"一条主要抵达乌兹别克斯坦的塔什干,另一条则主要通往莫斯科。

2013 年 4 月 26 日,成都至罗兹线路正式开通。该班列从成都始发,由阿拉山口出境,途经哈萨克斯坦、俄罗斯、白俄罗斯,至波兰罗兹站,全程总长 9965 公里,运行时间约 14 天。主要对成都生产的一些 IT 产品及其他出口货物运送。

2013 年 7 月 18 日,郑州开往汉堡的班列开始正式运行,班列从郑州始发,由阿拉山口出境,途经哈萨克斯坦、俄罗斯、白俄罗斯、波兰至德国汉堡站,全程总长 10245 公里,运行时间约 15 天。运送的货物有轮胎、高档服装、文体用品、工艺品等。

(二)自由探索期存在的主要问题

1. 运输组织方面:班列正点率不高、运行速度仍需提高

对于中欧班列国内运行段来说,会与其他货物列车出现共用线路的情况,因而在一定程度上会受到影响。又由于运输的货物是进出口贸易货物以及各个国家铁路轨距可能不一致,所以中欧班列一般都会在途中站进行通关和换轨作业,这里的途中作业站主要是指国境口岸站。

在这一时期里,中欧班列通关效率相对而言比较低,由于换轨作业占用的时间较长,所以全程铺画班列运行线并没有得以实现,至于班列在境外的运行更是难以做到牢牢地掌握。

总之,这些都是一些难以进行控制的影响因素,在很大程度上导致班列正点率不高以及途中停留时间过长,提高其运行速度仍需努力。

2. 货物通关方面:检验检疫、通关效率低下

中欧班列在进行通关的过程中,需要来自铁路、海关、检验检疫、边防检查等部门的联动配合。在 2011—2013 年里的通关模式中,进出口货物到达口岸后除了铁路换装作业外,进出口企业还需要办理通关手续,除提供大量的单证资料,还需要配合口岸执法部门完成一系列通关现场作业,既耗费时间又耗费人力,而且环节众多、手续繁杂,顺利出境往往需要一天甚至更长时间。

(三)自由探索期铁总的主要对策

1. 运输组织方面:加强口岸站运转、货运车间内部作业组织

为了能把口岸站作业的组织流程予以不断地优化,车站有针对性地成立了领导小组,由站长、副站长统一领导,其他部门协调进行配合。货装科的主要任务是换装作业组织。货运车间的主要任务是保证快速通关。运转车间的主要任务是保证班列的运输组织顺畅。

2. 货物通关方面:加强口岸站货运部门与海关等机构的协调

由于在自由探索期间,铁总关于货物检验检疫、通关等问题的改进对策不是十分充分,因此,需要加强国境口岸站货运部门和海关、检验检疫机构之间的协调沟通,使得作业进度有所加快。

二、中欧班列:蓬勃发展期铁总的实践

(一)2013—2016 年"一带一路"倡议指引下的中欧班列取得的主要成果

1."一带一路"倡议的提出及意义

习近平于 2013 年 9 月 7 日,在哈萨克斯坦纳扎尔巴耶夫大学发表演讲时,明确表示:为了使各国经济联系更加紧密、相互合作更加深入、发展空间更加广阔,我们可以用创新的合作模式,共同建设"丝绸之路经济带",以点带面,从线到片,逐步形成区域大合作。2013 年 10 月 3 日,习近平总书记在印尼国会发表演讲时表示:中国愿同东盟国家加强海上合作,使用好中国政府设立的中国—东盟海上合作基金,发展好海洋合作伙伴关系,共同建设 21 世纪"海上丝绸之路"。从地区上来看,"一带一路"倡议所覆盖的相关地区与节点城市范围极广。

习近平总书记在 2013 年所提出的"一带一路"倡议对于进一步密切中国同中亚、南亚周边国家以及欧亚国家之间的经济贸易关系,深化区域之间的交流合作,全面统筹国内国际的发展,密切维护周边的环境,不断拓展西部大开发和对外开放的空间,都有着非比寻常的重要意义。

2.2013—2016 年"一带一路"倡议指引下的中欧班列

从苏州开往华沙的列车在 2013 年 9 月 29 日正式启程。班列从苏州始发,由满洲里出境,途经俄罗斯、白俄罗斯至波兰华沙站,全程 11200 公里,运行时间达 15 天。苏州本地及周边的笔记本电脑、液晶显示屏、硬盘、芯片等 IT 产品是主要进行运输的货源。

"义乌—新疆—欧洲"线路于 2014 年 11 月 18 日正式开通。班列主要从中国的义乌出发,经新疆阿拉山口口岸出境,途经哈萨克斯坦、俄罗斯、白俄罗斯、波兰、德国、法国,历时 21 天,最终抵达西班牙马德里。这一趟班列与此前的线路相比,运输线路最长、途经国家最多、穿过省份最多、换轨次数最多,不仅如此,义乌还是唯一一个开通了中欧班列的县级性质的城市。

哈尔滨至俄罗斯的线路于 2015 年 2 月 28 日开启。班列全程运行 6578 公里,主要针对石油勘探设备等重型物资进行运送。6 月 13 日,哈尔滨至汉堡的线路相继开通,班列满载着电子产品、机械工具等货物,顺利启程。此线路计划今年将开行 28 列,预计产值 17 亿元,进出口总值达到

42.8亿元。

随着"一带一路"倡议的不断深入与推进，必然会在很大程度上进一步加强中国与欧洲以及沿线国家之间的经贸往来，而这种经济互补和文化交流的沟通，必然需要一个载体，从而使经济和文化等方面的交流得以顺利完成。

综上分析，中欧班列的正式开通，在为中国带来巨大的收益和经济发展机会的同时，也为"一带一路"沿线国家和地区带来了众多的经济发展的机会，这可以说是一个经济发展实现多赢局面的伟大壮举。

（二）蓬勃发展期存在的主要问题

1. 货源组织方面：国内货源分散，国际返程货源少

首先，中欧班列在很多路线上已经逐步实现了一种趋于常态化的稳定运行，但是，从总体情况来看，回程班列比去程班列少得多，而且沿线国家通过班列运输的货物几乎没有，基本都是"点到点"的直达运输，形成这种现象的主要原因是铁路部门与境内外物流企业合作较少，沿线国家的货源没有得到一个有效的组织。

其次，由于中欧班列国内货源规模较小，且长期处于一种极度分散的状态，而且只能单向组织货运，国际返程货源极少。直到2014年，中欧班列运营才开始实现零回程突破，即便如此，短期内想要达到一种双向的运输平衡仍是比较困难的。

再次，沿线国家还没有充足的货源进行支撑，国家有关部门、单位在对外投资、物流园区建设中，也没有将中欧班列作为物流配套方式，同步规划、同步建设、同步推进。因此，在进一步加强与沿线国家政府相关方面的合作时，以国际产能和装备制造合作为契机，推动中欧班列向中国在沿线国家建设的境外经贸合作区、有关国家工业园区、自由港区延伸，吸引更多货源通过中欧班列运输方面，提升空间还是相当大的。

又次，在极力支持区域内企业扩大与中欧班列沿线国家的产能合作、贸易往来，增加中欧班列货源方面，地方政府应有的作用没有得到充分的发挥。

最后，铁路部门与国内外大型物流企业、港口企业、货代公司没有进行充分的合作，使集货作用得以充分地发挥。

2. 品牌建设方面：亟须出台具体的中欧班列品牌建设管理办法

中国铁路在2016年6月，对中欧班列统一品牌进行了正式的启用，统

一品牌中欧班列当日分别从重庆、成都、郑州、武汉、长沙、苏州、东莞、义乌等地始发。这一启用，预示着中国开往欧洲的所有中欧班列将全部采用这一品牌。

自 2011 年中国开行中欧班列以来，中欧班列一直以其安全快捷、绿色环保、受自然环境影响小等优势特点，对航空、水路运输进行了有效的补充，一跃成为一种新的主要运输方式。

为了能够在最大程度上使越来越大的运输需求得以充分地满足，铁路部门开始大量增加开行数量、扩大开行范围，但与此同时，班列名称、标识繁多，市场运营不规范等问题开始暴露出来，这些问题在一定程度上对班列的市场影响力进行了减弱。中欧班列品牌的建设，凭借美观的 LOGO、响亮的名号给人们留下更深刻的印象，大大提升了公信力与影响力。

但是，想要进一步统一品牌，不仅是重新命名而已，对运输资源的集中管理更为重要。随着全国铁路共开行班列 1700 余次，可以说总结了大量宝贵的经验，在中欧物流市场上积累了稳定的客户与好口碑，形成了广泛影响。因此，中欧班列品牌将全面地对这些宝贵资源进行优化整合，只有对既有班列进行更好的统筹分配，才能释放出最大的运输潜力，保证中欧班列物流通道有一个健康的发展。

现在，铁路部门正在成功地、积极地开展关于中欧班列品牌化的具体运营，相信很快将打造出一个具有国际竞争力的知名物流品牌，对中欧物流的现状予以全面的刷新，使"一带一路"贸易通道更畅通、物流更稳定。

（三）蓬勃发展期铁总的主要对策

1. 完善多边协调机制，加快境外货源开发

针对沿线国家双边及多边政府之间进行的沟通要不断地予以加强，使得铁路、海关、国检及物流服务商的协作得到进一步的强化，从而在最大程度上扩大中欧安全智能贸易的应用范围。推进通关便利化，尽快推动统一沿途各国的监管查验标准，缩短货物全程运输时间。推介"中欧班列"品牌，扩大返程货源。

对于中欧班列来说，由于其运距比较长，所以不再只是开行点对点的直达班列，而是也会开行一部分在途经各国装卸集装箱货物的班列，另外也在沿途国家和欧洲终点国家设立一些货物分拨集散中心，使得货物的配送和回程货物的集散得到有效的组织。

在进一步组织货源的过程中，应该具体根据适合中欧班列贸易的货源特点进行。需要做到：①对中欧班列货源的特点进行明确；②通过推介等

形式，华侨华商、跨国公司等多方力量，推介、宣传中欧班列，让更多货物通过中欧班列进行贸易运输；③对货源地进行积极的开辟，依托班列沿线国家农产品等资源，把国外原材料变成半成品产品，把所存在的货源难题进行解决。

2. 形成统一组织，共创品牌

中国铁路总公司对中欧班列进行相关负责，并出台一些具体的管理办法，中欧班列同时也是国家大力支持并不断进行建设的国际物流知名品牌。

中国铁路总公司在进行合理有序组织的过程中，主要对品牌标志进行统一、对运输组织进行统一、对全程价格进行统一、对服务标准进行统一、对经营团队进行统一、对协调平台进行统一，从而对各列车路线进行合理的设置，最终形成全程统一运行图和时刻表，实现“公共班列式”服务。

三、中欧班列：规范提升期铁总的展望

（一）2016—2020 年中欧班列规范提升期的主要构想

1. 中欧班列运输通道

中欧班列一共有三个出境通道，分别是：①西通道。一是通过从新疆阿拉山口（霍尔果斯）口岸出境，经哈萨克斯坦与俄罗斯西伯利亚铁路相连，途经白俄罗斯、波兰、德国等国，通达欧洲其他国家。二是由霍尔果斯（阿拉山口）口岸出境，经哈萨克斯坦、土库曼斯坦、伊朗、土耳其等国，通达欧洲各国；或经哈萨克斯坦跨里海，进入阿塞拜疆、格鲁吉亚、保加利亚等国，通达欧洲各国。三是由吐尔尕特（伊尔克什坦），与规划中的中吉乌铁路等连接，通向吉尔吉斯斯坦、乌兹别克斯坦、土库曼斯坦、伊朗、土耳其等国，通达欧洲各国；②中通道。是由内蒙古二连浩特口岸出境，途经蒙古国与俄罗斯西伯利亚铁路相连，通达欧洲各国；③东通道。主要是由内蒙古满洲里（或黑龙江绥芬河）口岸出境，对俄罗斯西伯利亚铁路接入，最后通达欧洲各个国家。

2. 中欧班列枢纽节点情况

根据当前的形势来看，中欧班列始发的城市已经达到十多个，不仅如此，始发地点大多数都为货源节点，也有少数的港口节点。在按照铁路“干支结合、枢纽集散”的班列组织方式上，合理地规划设立一批中欧班列枢纽节点。

(1)内陆主要货源节点。对于内陆主要货源节点来说,必须具备相应稳定的货源,保证每周都能开行两列以上点对点的直达班列,不仅如此,还应该具有一种回程班列的组织能力,对于中欧班列货源集结直达功能进行明确的承担。

(2)主要铁路枢纽节点。对于主要铁路枢纽节点来说,必须在国家综合交通网络中具有非常重要的地位,具备一定较强的集结编组能力,对于中欧班列集零成整、中转集散的功能进行有力的承担。

(3)沿海重要港口节点。对于沿海重要港口节点而言,在过境运输过程中必须具有一个重要的地位,在最大程度上具备一种合理、完善的铁水联运条件,保证每周都能开行 3 列以上点对点的直达班列,针对中欧班列国际海铁联运功能进行明确承担。

(4)沿边陆路口岸节点。对于沿边陆路口岸节点而言,其属于中欧班列运输通道上的一个重要铁路国境口岸,因此,应对出入境检验检疫、通关便利化、货物换装等功能进行承担。

除此以外,对于其他城市应进行鼓励,使他们能够积极地组织货源,在中欧班列枢纽节点集结,使得整体效率和效益得到有效的提高。依据境外货源集散点及铁路枢纽的具体情况,针对中欧班列境外节点进行一个合理的规划设置。

(二)规范提升期存在的主要问题

1. 班列旅行速度较低、正点率不高

为了能够使中欧班列的运行安全得到一个切实的保证,在各国境内都是本国的火车司机进行驾驶,采用接力运行制度,所以在国境站势必存在更换机车乘务组的作业,另外在国境站可能会有较多的作业环节,于是这些途中作业在很大程度上造成了中欧班列运行速度较低、正点率不高。

由于途中的作业过于频繁,使得中欧班列全程盯控没有得到实现,关于班列运行信息的交换机制也没有建立起来,至于班列运行图也没有实现全程联合铺画,这种种原因加起来,都降低了班列的运输组织效率。

2. 与沿线国家海关合作机制不完善,通关效率不高

国内和国外通关,是中欧班列货物通关涉及的两个部分。由于国内通关在很大程度上没有实现一体化的通关效果,因而对于班列旅行速度提高没有帮助。

对于国外通关而言,由于与沿线国家海关的合作、沟通、协调机制没有

建立起来，所以就导致存在重复作业环节，另外对于一些特殊性质的货物，没有设立专门的绿色通道。总之，整体通关效率没有达到一种明显性的提高。

(三)规范提升期铁总的主要对策

1. 优化运输组织

对于中欧班列的组织力度要不断地予以加大，使得既有直达班列趋于更加稳定的状态，中转班列得以更好地发展，力争到2020年，集装箱铁路国际联运总量中班列占比达到80%。

对于调度指挥和监督考核要不断地进行加强，积极完善过程组织，使得全程盯控得以实现，进一步强化应急处理，使班列正点率得以提高。根据市场具体需求具体增加班列线，结合中欧通道实际运输能力，组织制定中欧班列开行及优化调整方案。

积极加强与国外铁路的相关协作，建立一种班列运行信息交换机制，联合铺画全程运行图，压缩班列全程运行时间，促使正点率和旅行速度得到大幅度的提高，使得运输组织水平在整体上达到日均运行1300公里左右。

2. 推进便利化大通关

(1)推进检验检疫一体化。

对于沿线国家所进行的检验检疫国际合作要不断地加强，进一步推进关于疫情区域化管理和互认，在中欧班列沿线区域打造无特定动植物疾病绿色通道，在班列沿线检验检疫机构间实施“通报、通检、通放”，实现沿线“出口直放、进口直通”，对符合条件的中欧班列集装箱货物实施免于开箱查验、口岸换证等政策。

全力积极打造铁海联运国际中转物流通道，建立中欧班列检验检疫信息化系统，实现全口径进出境班列数据共享，简化纸质单证，推进检验检疫无纸化，对“进境口岸检疫、境内全程监控、出境直接核放”监管模式进行全面的实施。

(2)进一步扩大口岸开放。

对于拥有一定条件的地方予以大力的支持，集中建设进境肉类、粮食、水果、整车等国家指定口岸，对符合国家要求的，可以优先予以审批，优先进行安排验收。在获得指定口岸正式资质前，对具备相应检验检疫监管条件的，允许其作为相应品类进口口岸，实施先行先试。

不仅如此，与沿线国家（地区）间的口岸交流合作也要不断地进行加强，对于双边陆地边境口岸管理协定进行适时的修订和完善。极力加强边境口岸设施的建设，进一步提高进出境通关能力。科学布设内陆铁路口岸，满足中欧班列发展需要。切实推进国际贸易"单一窗口"、口岸管理共享平台建设，对于单证的格式不断地进行简化，使数据标准区域统一，进而优化口岸的监管、执法、通关流程，使得口岸智能化水平得以有效提高。

本章小结

本章重点围绕跨境电商与国际物流，作了相关的探究与论述。其中，在关于跨境电商概述中，主要对跨境电商概念和跨境电商的具体发展历程作了相关的论述；在关于国际物流发运流程中，主要围绕国际物流包装、速卖通发货处理和物流网规介绍进行了重点论述；在关于国际物流风险管理中，主要围绕风险识别、风险衡量、风险评价、选择风险管理技术、风险决策及风险管理方案的实施作了相关的探究；在关于中欧班列的发展中，重点论述了中欧班列自由探索期铁总的实践、蓬勃发展期铁总的实践和规范提升其铁总的展望。

第六章　智慧物流的发展

习近平总书记在党的十九大报告中指出，要加强物流基础设施网络建设，加快建设创新型国家，推动建设智慧社会。物流是国家的重要基础设施，智慧物流是物流的发展趋势，推动智慧物流发展是我国社会建设的重要任务。

第一节　智慧物流的技术基础

智慧物流就是实现物流的智慧化，这就需要通过智能化管理代替传统物流中的一些人工环节，提高物流的质量和效率。因此，实现智慧物流必须有相应的技术提供支撑。本章主要对自动识别技术、人工智能技术、大数据技术和定位跟踪技术的应用进行研究。

一、自动识别技术

自动识别技术是智能物流的一项重要技术基础。利用自动识别技术可以对物流的运转流程进行信息的自动获取和自动录入。在应用实践中，自动识别技术能够将获取的信息传输到计算机中心。自动识别技术包括条码技术、射频识别技术、声音识别技术、图像识别技术、生物识别技术和磁识别技术等。具体到物流行业，被广泛采用的识别技术是条码识别技术和射频识别技术。

(一)条码识别技术在物流系统中的应用

相较于传统的识别方法，条码识别更方便快捷，可以很大程度上提高物流效率，因为其操作比较简洁方便，得到了广泛应用。国际上，条码识别技术被广泛应用于物流的各个环节。在我国，条码技术也相当成熟，不仅在商品流通领域被普遍使用，在生产控制和物流过程中的应用也在不断拓展。

我国的条码识别技术在物流领域的应用包括仓储、供应链管理、分拣及配送等环节。随着电子商务的兴起，条码识别技术在物流领域得到了广泛的应用，推动了传统物流智能化转型升级。

近年来，二维码成为新兴条码识别技术，相较于之前的条码识别更简单、可靠和稳定，这又进一步提高了物流自动识别的效率。二维条码具有抗污损的特性，不仅可以存储海量信息，而且能够处理复杂字符，从诞生之初就引起了各国的高度重视，并被广泛应用于军事、邮政、电子及生物医药等领域。特别是在电子行业的物流运转过程中，二维条码技术有着无法替代的识别优势。比如，全球的 CPU、电路板及存储芯片等各类电子部件上都用二维码贴上标志，用户只要用智能手机等扫描装置扫一扫，就能清楚地了解产品的规格、型号、出厂日期及生产厂家等各种关键信息。二维码是一种信息载体，操作简单，应用广泛，可以很大程度上提高信息传输的效率和准确性。

随着二维码技术的不断发展和完善，我国在这个领域的技术已经比较成熟，已经拥有了龙贝码、汉信码及点众码等具有自主知识产权的二维条码，并且当前已经在社会中得到了广泛应用。

（二）射频识别技术在物流系统中的应用

随着智慧物流的发展，射频识别技术（RFID）越来越多的得到运用。这是一种非接触式的自动识别技术，通过射频信号获取信息，在此基础上自动识别目标对象，可以在各种恶劣的环境中工作，且不需要人力的干预。

当前，射频识别技术已经在物流领域得到了广泛应用，尤其是运用于供应链管理环节。对于物流行业来说，核心问题就在于信息传递的速度、稳定性和可靠性，射频识别技术的出现和在物流运转中的巨大作用一直被供应链管理研究中心的专家津津乐道。射频识别技术可同时识别多个标签，而且识读的速度很快，这一技术非常适于解决供应链过程中难以快速准确获取信息的问题。

美国零售商巨头沃尔玛在全球行业中的最大优势就是其完善的物流配送系统，沃尔玛所有的店铺都安装了射频识别系统，而且沃尔玛要求供货商也要有射频识别系统。这一技术的应用，让沃尔玛保持了足够的商品数量和种类，有效避免了货品的无故短缺和脱销，从而优化了沃尔玛对供应链的管理，大幅度提高了服务效率和质量。

对于物流管理来说，射频识别技术为其带来了巨大影响，甚至可以说掀起了一场革命。射频识别技术可以进行非接触识别，这为其带来了独特的优势，改变了使用条形码时需要工作人员逐个扫描的情况。同时，射频识别技术还可以识别多个产品，从而极大地提高了识别效率。比如，在仓储方面，射频识别技术可以提高入库、出库的效率，工作人员在产品入库时，只需要操纵设备对产品进行扫描，就可以获得大量的产品信息，不再需要将产品运往验货中心逐个识别，只要在仓库门口安置一个信息接收机即可，这大大缩减了盘点环节的冗繁工作。在出库时也依据相同的原理。无线射频技术几乎省去了所有验货的环节，大幅度提高了仓储效率。

从技术含量的角度来说，相较于条形码识别技术，射频识别技术具有更高的技术含量。在货品上贴上 RFID 标签，可以使其自动发送无线信号，这样就可以使信息直接传输到接收信息的设备中，同时传递到供应链业务领域的各相关环节。于是，货物存储、在各个销售点的分布、上架情况及销售数据等重要指标就能一目了然。

二、人工智能技术

人工智能是智能思考技术的大发展，从人类目前的科技成果来看，人工智能位于智能思考领域的顶端。谷歌公司的"阿尔法狗"就是当前最具代表性的人工智能机器人，它与韩国超一流棋手李世石九段进行了一场引起全世界关注的人机围棋对弈大战，在五番棋的对决中，"阿尔法狗"以 4∶1 的绝对优势完胜李世石，引起了人们的一片哗然：让人们开始思考人类智慧与人工智能究竟哪方更先进。

实际上，人们不需要对人工智能抱有恐惧心理，人工智能机器人是人类创造的，人工智能的发展是为了优化人类社会，而不是为了破坏人类社会。在此之前，许多发达国家早已将人工智能技术广泛用于企业，在智能制造业、特种作业、智能决策及智能管理等方面，已逐渐用人工智能技术代替人力。在工业 4.0 大革命的今天，人工智能技术必将推动企业全面迈向信息化和智能化。

从物流领域来说，人工智能可以提高物流效率。一般情况，需要高速物流线贯穿整个生产和包装过程，才能有效提升物流的自动化程度并保证产品质量。机器人技术在包装领域中应用广泛，特别是食品、烟草和医药等行业的大多数生产线已实现了高度自动化，其包装和生产终端的码垛作业基本都实现了机器人化作业。机器人作业精度高、柔性好及效率高，克服了传统的机械式包装占地面积大、程序更改复杂及耗电量大的缺点；同时避免了采用人工包装造成的劳动量大、工时多及无法保证包装质量等问题。

利用机器人可以在物流作业中完成自动化的拣选作业。例如，对于那些品种繁多、形状不规则的产品，移动机器人可以通过图像识别系统确定需要采用何种功能的机械手。机器人每移动到一种物品前就可以根据图像系统"看清"物品形状,采用与之相对应的机械手臂抓取,然后放到指定的托盘上,完成拣选作业。

在整个物流系统中,装卸搬运是一个最基本的环节,而且这个环节会贯穿整个物流作业过程,在货物运输、储存和包装,以及流通加工和配送的过程中,都会涉及这个基本环节。目前,机器人技术应用最为广泛的还是物流的装卸和搬运作业。搬运机器人可安装末端执行器来完成对物品的识别和搬运,从而大大减轻人们繁重的体力劳动。目前搬运机器人已被广泛运用到工厂内部生产,一些工序间的搬运工作就由机器人来完成。搬运机器人的出现,大大提高了货物的搬运能力,节省了装卸时间。一些发达国家已将机器人技术与物联网技术相连接,实现了智能运作。

随着近年来人工智能技术的发展,研发机器人已经成为世界范围内的潮流趋势,近年来涌现出大量的新型机器人,这对于人类的生产生活产生了巨大影响。比如,德国的 KUKA 公司就研制了一种机器人,这款机器人是专门为冷冻食品的物流而研制的,它可以在－30℃的环境下工作。另外,在医药物流方面,德国的 ROWA 公司研发的"自动化机械手药房"就是典型代表,这种自动化药房,由机械手进行药盒搬运并进行药品的进库与出库作业,实现了药品的密集存储和数量管理。

智能机器人并不是单纯的在生产活动中承担"体力劳动",由于其具备较高的智能程序,使其可以承担一些高级工作,例如凯威讯通公司就开发出一款新型智能机器人从事"脑力劳动"。该公司仿照电脑内存随机存取的原理,开发出一种能快速处理网上订单的机器人应用系统,存放物品的仓库被安排成像内存芯片一样,由独立式货架组成纵横交错的网格,帮助机器人在任意时间接触到仓库中的任何物品。另外,该机器人可以自行处理客户订单,当接到客户的订单后,机器人在 30 秒内就可以将订单上的货物交给包装线上的工人。如果一个订单上有多个品类的物品,机器人还能将其进行必要的分类整理。一旦货物打包完成,机器人就能将这些包装好的物品存放到指定地点。

当前智能机器人已经逐渐运用于各行各业,其中也包括物流行业,尤其是在冷链物流、医药物流及仓储作业中运用比较广泛,但是机器人的物流运用尚未形成规模,一些对科技信息敏感的企业,正在将人工智能引入物流管理的各个环节,因为使用人工智能技术的优势是显而易见的。

三、大数据技术

近年来,大数据也逐渐在物流行业中得到广泛应用,成为智慧物流的一项标志性技术基础。大数据的最大特点是根据现有的数据分析规律，通过大数据技术进行信息化、高效率的管理，有利于实时掌控物流各个环节的数据，提高配送效率，减少损耗；同时随着市场的发展，客户的选择越来越多，竞争更加激烈，通过对数据分析和挖掘，就可以进一步巩固和客户之间的关系，为顾客提供更好的服务，增加客户的信赖，培养客户的黏性；数据分析还能帮助物流企业做出正确的决策。大数据技术在智慧物流中的应用主要体现在以下三个层面。

（一）在商物管控层的应用

商物管控是从宏观层面进行的物流运营管理应用，主要包括商品品类、物流网络及物品的流量流向等领域的应用。通过大数据工具以及统计模型可以分析数据库中的数据，这样可以更准确地了解并掌握客户的商物需求、运输习惯和其他战略性信息。通过检索数据库中近年来的流量流向数据，以及商品类型的信息，从更广域的数据范围如企业营销数据、信息检索数据、web 搜索数据等中，获得智慧物流中的商品数量分布、需求分布、商品来源等信息，可以对季节性、运输量，对货物品类和库存的趋势、消费者购物习惯、消费倾向等进行大数据分析，并对供需、数量、品类做出决策，更好地满足客户个性化需求，即有针对性地为用户选择符合其消费心理和习惯的商品信息。

（二）在物流供应链运营层的应用

1. 连贯物流供应链

利用大数据，可以更好地连贯物流供应量的各个方面和各个环节，将供应链中的供应商、经销商、客户、物流服务商，甚至供应商的供应商、客户的客户等连贯到一起，这样可以从源头上和过程中帮助企业应用大数据，逐渐成为企业运营决策的“大脑”，帮助企业在供应链的“采购物流、生产物流、销售物流、客户管理”等环节打造企业决策所需的数据供应链。

2. 实时信息掌控

通过对外部数据和内部数据的物流信息实时掌控与推送、分析，使供需双方在最适当的时机得到最适用的市场信息，获取快速变化的需求信号，及时了解渠道伙伴和终端的销售数据，匹配分布的供应库存信息，掌控准确的物流在途情况。

3. 及时响应与优化

利用大数据技术可以更好地获取并分析物流供应链的相关信息，以此为基础可以实现采购物流协同业务执行的优化与完善，并迅速掌握发现整个供应链环节运作情况，提出问题的解决方案，制定相应的行动计划，实现供应链运营的高效、快捷和决策正确性，避免了供应链供应缺乏或供应过剩、生产与运输之间的不协调、库存居高不下等弊端。

（三）在业务管理层的应用

1. 信息及时交互响应

从智慧物流的业务管理层面来说，利用大数据技术可以更好地捕捉货物信息，大数据可以和 RFID、条码技术及 GPS、GIS 等信息采集技术协同作业，实现更好的信息捕捉效果，可以把实时信息推送到物流系统中存储并进行数据处理，有助于识别运输行为，改进运输效率，及时做出应急响应，发现配送新模式和趋势，取得更高的核心竞争力，减少物流成本等。

2. 仓储品类分配

利用大数据技术对消费需求等相关信息进行科学计算和分析，可以有针对性地分配和优化区域仓储的商品品类，有效避免缺货断货；基于透明化的物流追踪系统，通过仓储网络的数据共享、数据提取自由、物品全程监控，实现物流的动态管理，优化区域货品调配，降低物流成本，提高货品调度反应速度。

3. 运输库存优化

对于物流的库存管理来说，利用大数据技术可以集中管理并科学分析运输数据和库存数据，这样可以更合理地安排发货，保证库存的正确性；将库存信息和货物预测信息，通过电子数据交换直接送到客户那里，这样可以定期增加或者减少库存，物流商也可减少自身负担；利用路径历史数据记录，在不同时间段选择最优路径，提高运输配送效率；同时还可以根据海量用户数据去预测用户的购买行为，通过预测用户购买行为可以提前配货运输，有效缩减商品到达时间。

四、定位跟踪技术

定位跟踪系统是利用卫星导航、移动网络、GIS 等技术手段实现对物流系统中的人员、运输工具、货物、集装箱等的位置信息连续采集和实时监控的信息系统。

在智慧物流中，定位跟踪技术是一项关键技术，也是支撑智慧物流发展的重要技术，定位跟踪技术的发展和进步推动了整个智慧物流行业的发展。通过实现定位跟踪管理，从而降低物流成本、提升企业的管理水平、加快物流业现代化进程、推进智慧物流体系的构建。

（一）优化物流调度，提高运输工具利用率

利用定位跟踪技术，可以获取物流车辆和货物的实时位置信息，通过远程系统可以直接掌握货物的运输信息，帮助物流管理人员更及时、全面地了解并掌握运输工具、货物的位置。调度人员可以根据货物的运送地点，结合客户的提货需求，通知离其最近的运输工具取货或送货，通过掌握行驶中运输工具的速度、时间及目标的距离，判断运输工具到达的时间，通知接收单位提前做好接货/收货的准备，有利于物流与配送的高度衔接，使运输工具更加明确自己的下一步任务与服务对象，实现人、车、货的动态配送，从而减少了运输工具的驾驶率和闲置率，提高了运输工具的利用效率。

（二）监控运输全程，保障货物安全

利用定位跟踪技术可以实现物流运输的全程监控。一方面，利用定位跟踪技术可以让运输公司进行更合理的路线预设，一旦运输车辆出现路线偏离的情况就可以实现及时报警，这样使物流管理人员及时掌握路面发生故障或有紧急情况的车辆情况，迅速通知驾驶员采取措施，并能双向互动传递信息，从而增强快速处理突发事件的能力，通过限速提醒功能，可以有效地提高驾驶员行车安全性，最大可能地减少车辆事故率，便于调度人员的管理。另一方面，集成各类传感器信息的监控系统使物流客户能够全程监测物流运输过程中货物的温度、湿度、轨迹、跌落、倾倒等状态，对货物进行实时监控。

（三）推动物流企业信息化，提升管控水平

现代物流信息系统的一项基础性技术支撑为定位跟踪技术，这项技术使物流企业可以实时掌握物流车辆和货物的位置和运动状态，这样可以帮助物流企业对物流运输全要素、全过程和全方位进行数字化和智能化管理，整合物流运输过程的各类信息，帮助物流企业对物流活动的各个环节进行有效的计划、组织、协调和控制，物流企业通过无线通信、GIS/GPS 能够精确地获取运输工具的信息，以便企业内部和客户访问，从而把整个企业的业务变得透明,制定更加科学合理的决策方案,全面提升物流企业的管控水平。

（四）使物流用户掌握全供应链信息,延伸物流行业的产业链长度

在物流运输的整个过程中会产生大量信息内容。利用定位跟踪技术,可以更好地整合这些信息内容,可以为物流用户建设基于位置服务的综合物流服务系统,将物流服务延伸到监控、管理、采购、订单处理,甚至物流咨询、库存控制、决策建议等,通过 GIS 的时空统计分析技术,为科学地制定仓库选址、销售网点设置等各类决策提供支持。因此,通过综合物流服务系统,能够及时掌握物流供应链上/下游的信息,从而延伸物流行业的服务水平,延伸物流行业的产业链长度。

第二节　智慧物流向智能供应链的发展

智能制造是新一轮工业革命的核心,是制造业创新驱动、转型升级的制高点、突破口和主攻方向。智能制造基于智能供应链环境运作,"中国制造 2025"本质上要求供应链各个层次的智能化。智能供应链建设是我国智能制造发展的核心和基础。

一、智能供应链概述

（一）智能供应链的概念及特点

智能供应链是结合物联网和现代供应链管理的理论、方法和技术,在企业中和企业间构建的,实现供应链的智能化、网络化和自动化的技术与管理综合集成系统。与传统供应链相比,智能供应链有以下特点。

1. 具有更强的技术渗透性

在智能供应链环境下,管理和运营者会系统、主动地吸收包括物联网、互联网、人工智能等在内的各种现代技术,主动让管理过程适应引入新技术带来的变化。

2. 具有更显著的可视化、移动化特征

智能供应链与传统供应链不同,它更重视供应链的可视化,倾向于通过可视化的手显示相关数据。同时,智能供应链更重视移动互联网或物联

网技术的运用，善于利用这些技术手段收集或访问供应链数据。

3. 具有更高效的协同、配合特征

由于主动吸取物联网、互联网、人工智能等新技术，智能供应链更加注重链上各环节的协同和配合，及时地完成数据交换和共享，从而实现供应链的高效率。

4. 更凸显供应链链主

从管理体系方面来看，智能供应链通常由一个物流服务总包商向供应链链主直接负责，利用强大的智慧型信息系统管理整个门对门的物流链的运作，包括由一些物流分包商或不同运输模式的承运人所负责的各个物流环节。

(二)智能供应链管理的金字塔体系

智能供应链管理可以用金字塔结构展示，如图 6-1 所示，通常将这个体系结构称为智能供应链金字塔。

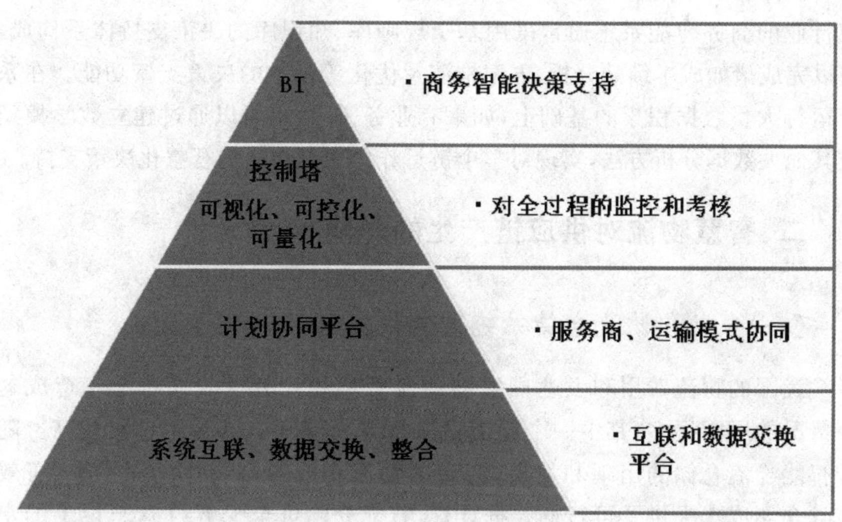

图 6-1　智能供应链金字塔

虽然可以用金字塔模型表示这个体系结构，但需要注意的是，这并不是一个具体的物流系统的结构，而是从整个供应链管理的视角上对各环节具体的智慧物流系统进行协同、全面监控和管理的体系结构。使用该金字塔的是供应链物流服务的总包商。

系统互联和数据交换平台位于该金字塔结构的底层，是与供应链各参与方或同一参与方的其他应用系统进行互联对接集成，完成数据共享协同的基础设施。企业内部各应用系统的集成主要通过SOA体系下的企业服务总线（ESB）和接口技术等实现，与外部企业（包括货主、制造商和物流分包商）的数据交换则通过系统互联和电子数据交换（EDI）实现。

计划协同平台会根据各种订单以及供应链上的各种资源，在遵循商务规则的基础上，通过智能化的方式制定总体的物流计划，并分解成各具体环节或针对具体物流服务商的分计划，将这些分计划分配给各服务商或子系统，并根据总计划协调各分计划的执行。同时，平台的商务模块将根据与各服务分包商的合同和完成的服务对其应付费用进行核算管理，根据与货主的合同对整个供应链的费用进行应收核算管理，形成应收/应付凭证通过接口转发财务系统。

近年来，随着物流和供应链的发展，对供应链管理有了更复杂的需求，在这样的背景下形成了控制塔。控制塔是一个对供应链全过程进行全面监视、异常事件控制和量化考核的体系，如同机场上居高临下，统管全局的控制塔台。

商务智能和决策支持系统位于智能供应链金字塔的顶端。目前用于物流行业的商务智能系统通常采用基于规则库、知识库的决策支持体系构成，可以完成诸如成本绩效分析、方案推演及优化等基本的决策支持功能。在系统运行大量数据积累的基础上，如果有业务需求，也可以通过建立数学模型或其他大数据分析方法，实现对整个链运作的更高层次的智慧化决策支持。

二、智慧物流对供应链产生的影响

（一）自动化物流仓储系统改善供应链

我国的物流费用和发达国家的物流费用相比处于较高水平。造成这一情况的原因很多，其中一个就是我国物流仓储环节的费用总额较高。随着智能物流仓储的出现和发展，为我国物流企业提高物流仓储水平、有效节省仓储成本提供了可行性。据计算，智能仓储可至少节约70%以上的土地和80%以上的劳动力消耗。相对于传统的仓储设施，自动化物流仓储系统的主要优势体现在有效节省劳动力成本、节省租金成本及提升管理效率等方面。智能新技术在物流领域的创新应用不断涌现，是未来智能物流大发展的基础。

我国对立体仓库的应用并不广泛，近年来人工成本和土地成本还持续提高，导致我国的物流仓储费用一直处于较高水平。仓储是物流的重要环节，要降低社会物流总成本，必须有效降低仓储环节的费用。从途径选择上来看，仓储环节的自动化改造的任务迫在眉睫。自动化仓储系统要解决的核心问题就是如何加快货物的存取节奏，减轻工人的劳动强度及提高生产效率等。

在传统仓储系统中，并没有应用先进的信息技术，大部分货物装卸、配送、上架及分拣等工作都是通过人力完成的，人工操作的效率低，出错率高。由于信息化技术特别是物联网技术的出现，使得对仓储系统的自动化和智能化改造成为可能。比如，利用传感器进行自动识别、利用无线射频技术进行自动化信息传输、利用机器人系统进行货物分拣和搬运等，不但大大降低了工人的劳动强度，而且效率和准确率都得到大幅度提升。

运用自动化立体仓库，可以实现获取的按需自动存取，同时可以更好地实现库内与库外的衔接，有效连接库存与生产，并通过信息化系统和自动化物料搬运设备自动输出到下一道工序。

自动化物流仓储系统的优势显而易见。举例来说，如果一个行业的仓库管理人员是1000人，在经过自动化改造后只需要250人，以人均成本5万元计算，大概两年多的时间就可以收回投资成本。此外，自动化仓储系统能够最大限度地提升仓库管理的准确性，货物识别、分拣、进出货的处理速度也可以大大提高，降低存货周转率，对于电商、生鲜配送商要求快速配送的要求，自动化物流仓储系统就显得更为重要。

相较于传统供应链仓库，自动化立体仓库可以实现货物的快速入库和出库，它可以妥善地将物料存入库中，同时还可以快速地按照生产需要将相应的物料输送至生产线。自动化立体仓库的投入使用，大量减轻了工人的劳动强度。比如，自动巷道堆垛机取代人工存放和提取货物，既快捷又省力，而且工人不再需要进入库内，工作环境也得到了改善。

智能物流的一个显著优势就是其拥有智能的仓储系统，智能化的仓储系统可以利用条形码、射频识别技术、传感器及全球定位系统等先进的物联网技术，可以智能化地识别物品，进行位置跟踪和物品溯源，还可以全面监控物品并及时处理紧急情况等。通过信息处理和网络通信技术平台，在物流运输、仓储、配送、包装及拆卸等基本活动环节均可以实现货物运输过程的自动化运作和高效率优化管理，以较低的消耗实现效益的最大化。

智能的处理技术还有助于库存决策，可以依据对大量物流数据的分析，对客户的需求、商品、库存等做出决策。同时，物流智能获取技术使物流从被动走向主动：主动获取信息，主动监控运输过程与货物，主动掌控进出货情况，以及主动测算仓储空间剩余等。智能传递技术的应用，还可以提高外部的物流数据传递功能，提高反应效率，为客户提供更优质的服务，使得物流供应链环节的整合更紧密。

（二）应用智能控制技术

随着市场经济的发展，物流企业的竞争越来越激烈，公司间的竞争已经转向了供应链间的竞争，对于物流企业来说，供应链的管理控制水平是决定其在市场竞争中能够取胜的重要因素。

在我国物流领域内，供应链管理控制还存在很多问题，比如信息传递不及时、信息失真、信息交换错误等造成的损失每年高达数千亿美元。因为各种原因，不能获取或者是不能及时获取整个供应链上的信息，导致实际应用与信息脱节的情况时有发生。比如，因为缺乏完整的数据支撑，供应链上的批发商、零售商、生产商等在传输信息的过程中，其过时或失真的信息被层层放大，造成有些产品过剩，而有些产品缺货的情况。

从产品制造端的角度来说，传统制造企业很难掌握供应链的上下游信息，供应链上企业间的对接也存在一定困难，这就导致供应链信息的滞后和不准确，供求无法形成良好衔接，最终导致供应链失调。随着信息技术的不断发展和成熟，制造业与客户的距离也被缩短了，从而推动制造业主动变革生产方式，生产适销对路的产品。对于企业物流来说，可以快速响应订单，降低库存成本，有效解决库存积压和缺货等现象。

想要充分释放供应链的价值，就必须进一步促进供应链各个环节的协同。家电制造业巨头美的集团与锐特信息技术有限公司的合作，目的就是要打造深度协同的供应链管理平台。美的和锐特制定了供应链协同方案，可以使合作双方实现电子数据的交换共享，并在之前的项目中完成了美的与部分业务伙伴包括供应商、物流服务商等的对接。

加深供应链的协同程度，可以有效降低产品的缺货风险，降低库存周转，同时还可以有效地提高供应链数据的共享效率。作为制造业，美的可以较为准确地预测市场，从而调整生产计划；在产品的调整上，可以迅速响应用户的需求，推出受特定消费群体喜爱的产品。

美的的合作伙伴京东公布了双方深度协同供应链的进展情况。锐特为美的和京东提供供应链协同方案及电子数据交换 EDI 服务。2015 年 1 月 29 日，美的和京东系统直连项目上线，实现了基础订单数据及销量数据共享；2015 年 4 月底，双方的数据传输量达到 500 万条，每天都有数千个商品信息数据实现共享；2015 年 5 月 18 日，美的和京东的"协同计划、预测及补货"项目上线，随后京东完成了备货目标测算，并将计划订单下发到美的。从供应链角度来看，美的和京东实现了从销售计划到订单预测再到订单补货的深度对接。

完全的以销定产对于双方来说都是追求目标，只有这样才可以实现库存的最优化管理。所有企业都应该参考这种供应链深度融合的方式优化自身的供应链。无论是对于产品制造商，还是销售商、物流服务商，都能在优化的供应链体系中快速了解市场需求，显著降低库存周转，提高生产和销售的精准度和快速反应的能力。

随着物流系统的不断升级和优化，当前先进的系统可以实现物流的信息化、数字化、网络化、集成化、可视化及自动化等。很多物流系统和网络也采用了最新的红外、激光、传感器、RFID 及 GPS 等高新技术，这种集光、机、电、信息等技术为一体的新技术在物流系统的集成使用，就是智能物流应用的体现。概括起来，目前相对成熟的应用主要包括以下四个方面。

1. 智能溯源网络系统

在过去的物流系统中，产品溯源是一件十分困难的事情，但是随着物联网技术的发展这成为可能。当前针对产品溯源可以以物联网技术为基础建立系统或平台，其中最关键的技术在于科学标识。如 RFID、红外传感器、声控系统、全球定位系统及激光扫描系统等技术，都可以应用在产品溯源防伪上。不过，目前存在的问题是，产品标识复杂多样，缺乏统一的标准，在实际操作中存在一定的困难。

随着人们对食品、药品等领域的安全性越来越关心，建立食品、药品溯源防伪系统显得尤为迫切。食品溯源体系利用条码、无线射频、传感器等技术，建立起覆盖食品生产、加工、销售等各个环节且这些环节的信息都融入一个总的信息联网系统中，更加便于消费者和政府监管人员监督。一旦发现问题，可以迅速找到责任企业，有效监督企业提高产品质量。

2. 物流可视化管理系统

当前人们对物流的可视化提出了要求，要求现代物流体系要实现全程实施追踪，这就要求物流必须实现标准化及高效化，尽可能地用低成本提高质量服务。以先进的信息技术为基础，运用全球定位系统、RFID 技术、传感器技术等多种技术，通过快速、实时、准确的信息采集，实现车辆定位、运输货物监控、在线调度和配送全程的可视化管理。目前，一些大型的物流公司都建立配备了智能物流管理网络系统，可以通过电子标识，实现对车辆的定位与对货物的监控，初步实现了物流作业的可视化管理。

3. 智能化物流配送体系

随着物流发展，智能物流已经普遍应用，而自动化的物流配送中心是实现智能物流的重要基础。智能物流需要实现商流、物流、信息流和资金流的全面协同，只有这样才能称之为物流的智能化。物联网技术的应用，在实现物流作业的智能控制、自动化操作、标准化运营和精益化管理方面发挥着巨大作用。

4. 智能化的全供应链管理

智能化全供应链管理，就是要科学地分析供应链上的制造商、批发商、运输商和零售商所产生的所有产品流、资金流和信息流，实现同类资源的集约化管理，将供应链上的所有资源进行横向整合。同时向整个供应链传输信息，并及时准确预测需求的变化。供应链环节的无缝化管理在智能物流建设中至关重要。顾客个性化要求越来越多，为了满足这种需求，企业必须加快反应速度，保证快速生产和柔性加工。但这样的生产方式，容易造成成本的上升。为此，智能化的供应链管理就要加强对信息流、资金流和物流的控制力，帮助企业优化业务流程，实现供应链业务的流程再造。

三、搭建智能供应链的意义

(一)实现供应链内部信息的高度整合

对于传统供应链来说，只有具有直接的供需关系的企业之间才会产生信息交流。然而在供应链内部成员的实际交流中，信息流往往会由于不同企业采用的不统一的信息标准系统而导致无法正常流通，使得供应链内部信息无法自由流通和共享。相比之下，智能供应链依托智能化信息技术的集成，能够采用有效方式解决各系统之间的异构性问题，从而实现供应链内部企业之间的信息共享，保证信息流无障碍地流通在供应链的各个动脉和静脉组织，提高信息流的运转效率和共享性。

(二)实现供应链流程的可视性、透明性

在传统供应链环境下，上游企业和下游企业之间并没有有效的信息共享机制和实现方式为其提供保障，因此无法实现供应链的可视化。由于供应链的不可视性，供应链中上/下游企业无法对产品的供/产/销过程实现全面的了解，仅从自身流程和业务，以比较单一的成本因素考虑如何选择供应商和销售商。这样就无法实现供应链内部企业的一致性和协作性，更不能形成良好稳定的合作关系，导致供应链竞争力低下。拥有良好可视化技术的智慧型供应链，能够实现企业之间的信息充分共享，对自身和外部

环境增强反应的敏捷性，企业管理者能够依据掌握的全面的产品信息和供应链运作信息，正确做出判断和决策，组织好切合市场需要的生产，实现有序生产管理。

(三)实现供应链的全球化管理

实现供应链的全球化管理，通常都需要复杂的、多式联运的众多物流环节构成，对于传统供应链来说很难实现全球化管理。但是智能供应链具有很好的延展性，它一方面能保证供应链实现多种运输模式下的协同，也能防止供应链在全球化扩展情况下效率降低的问题。信息交流和沟通方式在传统供应链下是点对点、一对一的，但随着供应链层级的增加和范围扩展，这种传递方式难以应对更加复杂的信息轰炸。智能供应链依据自身对信息的整合和有效的可视化特点，可以打破各成员间的信息沟通障碍，不受传统信息交流方式的影响，能够高效处理来自供应链内部横向和纵向的信息，实现全球化管理。

(四)有效降低供应链上企业的运营风险

智能供应链相较传统供应链具有极大优势，它可以进行信息整合，实现可视化，且具有较强延展性等，这些特征使供应链内部成员可以实时、准确地掌握供应链中各环节企业的生产、销售、库存情况，保证和上/下游企业的协作，避免传统供应链由于不合作导致的缺货问题。因此，智能供应链能够从全局和整体角度将破坏合作的运营风险降到最低。

第三节 工业4.0时代智能物流市场蓝海的布局

根据京东物流联合中国物流与采购联合会发布的《中国智慧物流2025应用展望》显示，2016年物流数据、物流云、物流技术服务的市场规模超过了2000亿元，预计到2025年，中国智慧物流服务的市场规模将超过万亿。智慧物流将是物联网下的一片蓝海。

一、货运物流新发展：货运O2O

(一)货运O2O模式的类型

1. 同城货运模式

近年来，同城货运发展迅速，尤其是在网购普及的今天，同城货运越来越受到市场青睐,如神盾快运、速派得等都是同城货运平台,这些线上线下一体化平台出现的目的,就是为了使物流行业运营过程中的相关信息能够流通顺畅。

物流领域面临的一个严重问题就是信息不对称,继续发展物流行业就必须解决这个问题,而这无疑为 O2O 模式的货运平台的发展带来了巨大空间。货运平台利用现代互联网技术,能够迅速完成货主和车主间信息的有效匹配,大大节约了货主找寻货运车辆的时间,而其智能匹配附近车辆的功能,也有效提高了服务提供方的收益。因此,大数据和智能化是货运 O2O 运营过程中的两大核心。

对于我国的国内货运市场来说,严重影响货车主运营收益的因素有两个。第一,尽管在现阶段,国内的货运行业十分繁忙,但是仍然存在很多货车主缺乏收益渠道的问题,货运平台的运营则能够有效改善这些车主的境况,成为他们追捧的对象。第二,货车主每次完成货运任务之后,返程一般都是空载而归,存在着巨大的资源浪费,货运平台能够有效促进行业内部的信息交流,也能改善这一难题。

我国很多货运平台的发展正面临着巨大考验。据统计,2015 年我国市场上的货运 O2O 平台已经突破 200 家,这还不包括那些兼做同城货运的平台,其竞争激烈的程度可见一斑。

在货运行业中,个体货主叫车的次数并不是很多,大部分的货运任务是工程需求以及企业间的货物往来。这些虽然也会影响货运平台的健康发展,但是对于平台而言,影响最大的因素还是信用问题。很多货主需要运送大批货物,直接将货物交给车主,肯定会考虑安全和司机的信用问题。从这个角度来说,平台必须要加强对车主的监督,否则,发生意外情况时,平台是需要负责的。

没有统一的标准是引起货运行业诸多问题的主要原因之一,但是建立这一标准十分困难,因为车辆的大小和货运能力不同,货主的货运要求不同,价格定位也不同。正因为整个货运市场存在着太多这样的因素,给统一的标准的建立带来困难。同时,有货运需求的企业更加倾向于能够与可靠的货运车主保持长期合作关系,所以企业通过平台找到满意的车主之后,很有可能会直接越过平台,与车主建立交易关系。

2. 抢单模式

抢单模式是一种新型货运 O2O 平台模式,滴滴的抢单模式为货运平台发展抢单模式提供了实践经验,很多货运平台看到这一模式的发展空间后开始纷纷模仿。不同于滴滴打车的地方是,打车是时时都在发生的事,而货运的发生率就要低很多。对于平台来说，需要通过有效的手段吸引车主加入平台。

这种情况在较大的城市可能会好一些，随着人口数量的增加货运需求可能也会有所增加，但是小规模城市恐怕就没有那么幸运了。因此，目前智能匹配仍占据主导地位，很难实现像滴滴那样的抢单模式。也就是说，抢单模式并非适用于所有行业。

3. 跨城货运模式

当前有很多货运平台的运营不仅仅限于同城货运，还会运营跨城货运，这种货运模式与以上两种不同，如云鸟配送、物流小秘等就运营该项目。还有一些平台则将注意力全部放在了长途货运上，如省省回头车。不管何种形式的平台，它们的目的是一致的，就是要解决货运行业的信息不对称问题。

但是，跨城货运涉及的信用问题要更加突出。第一位的就是货物的安全，在跨城货运中，货物的安全问题要比同城货运更为严峻，在同城货运中，若运输的货物价格不菲，货主可提出随行要求。相比之下，跨城货运的距离更远，运输途中可能出现的意外情况也更多，货主通常不能随行，容易失去对自身货品的控制，因此，跨城货运需要在信用及安全问题的解决上下更大功夫。除此之外，跨城货运也要建立统一的行业标准，采取有效措施避免需求方与司机直接在私下交易。

（二）众包配送 O2O

1. 人人快递

2013 年，人人快递正式成立，它的运营主旨是让所有人都可以参与到快递活动中，具体做法就是让人们在出行途中顺路进行快件的运送，这样可以有效减少中间环节，通过这种方式降低社会资源的浪费，达到节能、环保的效果。与此同时，向公众传播相互帮助、广泛参与、为社会付出的价值观，提高快件配送效率，减少货物囤积，降低快递公司的资金投入，旨在通过自身平台的运营，给人们的日常生活带来便利。人人快递在 2014 年 11 月进行首轮融资，此次融资金额达 1500 万美元，高榕资本与腾讯参与了投资。

2. 达达配送

2014 年 6 月，达达配送正式成立，该公司致力于为合作商家提供服务，解决配送问题。当前该公司的业务集中于生鲜产品及餐饮类的配送，在线上平台接单之后安排线下配送。统计结果显示，到 2016 年，达达配送的一线兼职服务提供者在 10 万人以上，其业务覆盖至 10 万家商家，大部分从事餐饮服务，平均每日的订单量接近 60 万。除了餐饮类服务，还有一些生鲜产品、零售商品、水果、鲜花等配送。

达达配送在 2014 年 7 月完成首轮融资，金额达数百万美元，知名投资机构红杉资本参与投资，到 2016 年年初，达达已经获得由 DST 领投的第四轮融资，融资规模接近 3 亿美元。

3. 京东众包

京东众包是"京东到家"推出的一种新模式，京东众包的用户可以根据自身的实际地理位置科学地参与配送活动，并可以从中获得一定的配送收入。

凡是自身配备智能手机并且能够上网的成年人，都能够报名申请京东众包的兼职配送者。申请者需要安装京东众包的移动应用软件，登录自己的信息，经过培训后就可以接单，每单配送任务完成后会获得 6 元的分成。无论是大学生、上班族、赋闲在家的中老年人都可以报名参与，只要在接单后两个小时将快件送达即可，其距离一般在 3～5 千米。

4. 闪送

闪送的业务集中于城市内的配送服务，该公司可以为用户提供专人直送服务，并且智能追踪配送员的整个配送过程，尽量缩短中途的时间耗费，在一个半小时内将快件交给收货人，起价为 39 元。

闪送在 2014 年 3 月完成天使轮融资，融资规模达数百万元，3 个月后，成功完成 A 轮融资，经纬中国与鼎晖投资进行了投资，金额达数百万美元。之后，在 2015 年 7 月获得 5000 万美元的 B 轮融资。

5. PP 速达

2014 年 3 月，PP 速达正式投入运营，该公司采用平台化运营方式，用户可以简单快捷地从该公司的平台查发快递、实时追踪，还可以直接在平台上进行投诉来保护自身权益等。

到 2016 年，该公司已经实现与国内十多家快递公司的信息对接。用户将需求信息上传到 PP 速达的服务平台，平台会自动将信息发送给快递公司，也就是说，PP 速达采用众包模式，通过快递公司的配送团队为用户提供运输服务。并且在这种模式下，用户不需要向平台支付任何服务费用。

PP速达实现各类物流信息资源的科学整合,通过快递网点的服务提供,期望是解决快件的末端配送问题。其服务内容以那些难以覆盖电商途径及大型商超成本耗费的产品为主,例如,人们日常所需的食用油、大米等。需要满20元才能享受其配送服务,无须支付额外费用,从上午8点至21点都可下单。

随着互联网在各个领域的渗透,很多传统领域开始寻求自身转型,在这个过程中,物流环节发挥着十分重要的作用。

从本质上来看,物流O2O实际上就是实现货运实际需求和车辆资源的有效对接,搭建货主和司机之间的有效互动关系从而达成交易。之后,再通过资源整合,提高运营效率,降低运输途中的成本消耗。不过,采用这种模式的平台也并非十全十美,有些司机的信息可能存在伪造现象,此外,运输过程中可能出现意外情况,给客户带来损失。

从市场拓展的层面来看,当前外卖市场的竞争异常激烈,美团、饿了么和百度外卖等都在抢占市场位置。目前,这三家平台都在采取措施提高配送效率。2015年8月,饿了么宣布开放物流平台,旨在实现物流资源的优化配置,实现及时配送。

而最终起决定性作用的依然是用户体验。为了留住用户,必须提高运送效率,尤其是同城物流,服务方不仅要提供实惠的价格,还要在时间上有所保证,这样才能有效避免用户流失。也就是说,在物流O2O发展的关键时期,要维持自身的竞争优势,就要提供优质服务,增强用户体验。

当前,物流众包模式正处于高速发展期,货运行业也越来越多地运用这一模式开展各项业务。在该模式下,商家能够在更短的时间内完成配送工作,还能提高资源利用率,为用户提供高质量、个性化的服务。

二、电商物流新发展:生鲜冷链物流

近年来由于食品安全事件频频发生引起了人们对这个问题的注意和重视,消费者越来越重视食品的品质和安全性,这对相关企业提出了新的要求,但同时也为它们带来了全新的发展契机。自2009年开始,我国便涌现出一大批生鲜电商。虽然业界人士认为生鲜电商"好看不好做",但仍有大量的企业涉足生鲜市场中。

我买网、顺丰优选、一号生鲜、本来生活等企业在生鲜市场注入大量资金,天猫、京东、苏宁等也不断搅热生鲜市场。2015年5月26日,亚马逊联合其五大合作伙伴——美味七七、21cake、都乐、獐子岛和大希地,入局生鲜市场。而山东航空也在2014年5月20日试水生鲜市场。各个行业纷纷进入生鲜市场,成为角逐的新势力。我买网和顺丰优选网站如图 6-2 和图 6-3 所示。

图 6-2 我买网网站首页

图 6-3 顺丰优选网站首页

生鲜电商的发展很大程度上受物流行业制约,对于生鲜产品来说,物流运输具有重要作用。如果运输过慢或者运输设备较差,就可能导致生鲜产品变质腐烂,从而引起消费者不满,不利于电商发展,而快速高质的运输可以成为生鲜电商的制胜法宝。当前,我买网、顺丰优选等都在物流方面下足功夫,大大提升了物流的速度和质量,旨在为消费者提供令他们满意的物流服务。速度优先和凭仓储制胜是生鲜电商获得成功的关键,顺丰优选主打速度,我买网主打仓储。

(一)生鲜电商物流存储情况

虽然生鲜电商为保证食品质量采取了各种应对措施,但始终避免不了仓储的环节。即使运输距离再短,存储的问题也无法忽视。而“好看不好做”也是基于冷链的最后一环来说的。众所周知,生鲜食品的决胜秘诀就是“鲜”,保鲜或是做鲜,无论哪种方式都离不开仓储的有力支持。

从顺丰优选和我买网的经营战略可以看出,当前我国生鲜电商市场的主要竞争方式有两种,一种是提高产品的运输速度,另一种是提高自身的仓储能力。保鲜对仓储的要求非常高,需要将仓储划分为不同的区域,分别负责冷冻和冷藏,实现不同的水果蔬菜对温度的需求。我买网在北京、杭州、广州建立生鲜存储基地,顺丰优选在华东、华南地区建立仓库存储生鲜。

生鲜电商兴起以前的水果、蔬菜市场对保鲜度要求较低,通常是在水果、蔬菜成熟之前就采摘下来,由物流企业运到各地的水果、蔬菜市场,在运输途中几乎不采取任何保鲜措施,等到达目的地之后,水果、蔬菜已基本成熟。水果、蔬菜市场对保鲜度的要求的空白使生鲜电商看到了商机。

随着生鲜电商进入人们的生活,蔬菜、水果的新鲜程度得到了显著提升,仓储水平也得到了显著提高。生鲜电商采取冷链技术,使产地直采的水果、蔬菜能够在低温环境下运输,保证食品质量、减少损耗。

(二)生鲜电商的仓储能力与订单处理速度

对于传统物流行业来说,仓储的目的在于存放货物,这些货物与生鲜产品不同,并不需要考虑冷藏保鲜等问题,但是仓储在物流行业中始终具有十分重要的作用。

实际上,各个行业的转型已成为未来商业发展的新趋势,物流行业也在积极整合,调整产业结构,尤其是在仓储方面。具体表现在温控和拣货上,采用智能化的温控手段,以及自动化的拣货、集货模式。目前,我买网的华北常温新仓已启用自动化分拣技术,包括自动化立体仓库、输送分拣系统、高速分拣机等,自动化的管理方式将大大节省人力资源,提高工作效率。

(三)海外直采划分生鲜电商市场

随着生活水平的不断提高,人们对食品的要求也越来越高,国内的食品已经不能满足消费者日益增长的需求,海外市场的开拓成为各大电商的目标。我买网、天猫、京东、亚马逊等生鲜电商看好海外食品市场,纷纷上线经营进口食品。

生鲜电商经营海外生鲜食品的模式跟经营国内水果、蔬菜的模式大同小异，都是在海外基地直采、产地直采之后，经过入库、出库配送到消费者手中，在配送的过程中依旧采用冷链物流。海外生鲜电商看似经营容易，实则不是一般的生鲜电商所能做到，目前只有我买网、亚马逊等生鲜电商以及华润万家上线海外直采项目。

对于海外生鲜到国内经营来说，一个最关键的问题在于物流，必须保证海外生鲜从采摘到运输到目的地这个过程有高质量的运输支持，但是并不是所有电商企业都具备冷链配送以及仓储过程中的冷藏、冷冻、恒温能力。像美驻华农贸处强力推荐的美国车厘子以及 Emoti 意摩提可可夹心松露型巧克力等食品就需要精确的温控设施才能实现保鲜。显而易见，这对物流仓储提出了新的要求。

鉴于此，我国各大电商开始建设生鲜仓储基地，2013 年我买网就在苏州、广州建立了自己的生鲜仓库，并对该仓库进行科学化分类储运管理，为生鲜电商提供了冷链标准；同年，顺丰优选在华东、华南建立仓库；而阿里巴巴、京东等生鲜电商的冷链建设却备受质疑，其他生鲜电商则以合同方式将冷链物流活动委托给专业的冷链物流企业。

随着人们越来越重视食品安全，生鲜电商得到了发展契机。而生鲜电商的发展又有力地促进物流行业的整合升级，使得智能设备更新、软件系统升级、输送线更完善，尤其是在冷链方面，出现了冷冻、冷藏、恒温等技术。

从整体上看，生鲜电商拉动了物流行业的变革，使物流仓储行业有序工作，为物流业提供了新规范，主要表现在以下五点，如图 6-4 所示。

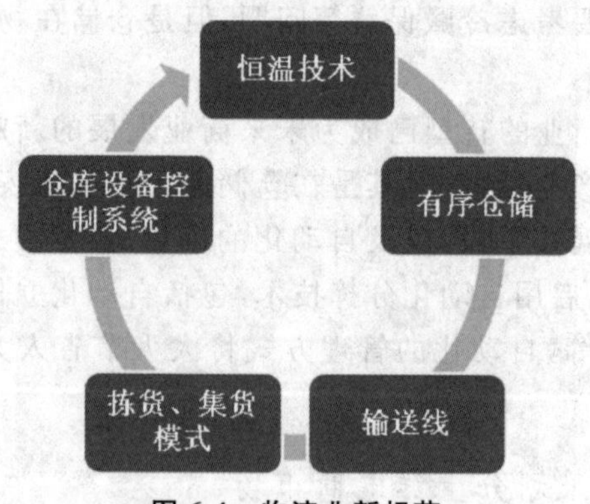

图 6-4　物流业新规范

(1)恒温技术。这项技术是针对那些需要恒温保存的食品，如巧克力、红酒以及高温高湿期间的粮油米面等。

(2)有序仓储。利用高位货架以及楼阁货架等，扩大仓库存储面积，提高存储货物量，库房利用率增加150%。

(3)输送线。通过构建科学合理的输送线，可以很大程度上减少运输过程中的时间成本和人力资源的耗损和浪费。

(4)拣货、集货模式。多个区域同时进行的拣货、集货模式，能够有效提高工作效率和货物配送速度。

(5)仓库设备控制系统。协调各种物流设备，提高分拣效率和处理订单能力。

以上几点就是生鲜电商为物流仓储提供的新规范，同时也是我买网打造的物流仓储新规范。

当前有一部分人对生鲜市场存在质疑，但是这个市场拥有广阔的发展空间是不争的事实，这也是各个行业都纷纷涉入生鲜电商市场的原因，它们都希望可以从这巨大的市场上获利。但并不是每个企业都会在生鲜市场赚得盆满钵满，只有提供完善的冷链物流，确保食品的质量安全，无损耗变质，才会在生鲜市场占据一席之地。

当前阶段，生鲜市场的竞争已进入白热化阶段，在物流仓储和产地直供两方面展开角逐，这预示着，生鲜市场追求货物配送的速度化、产品品质的新鲜度，而无法做到这两点的生鲜电商，只能被市场淘汰。

三、物流金融新发展：物流+供应链金融

(一)供应链金融带来的巨大价值

供应链金融是指银行以核心企业为中心，通过有效管理上下游企业的资金流、物流等内容，实现对各类信息的多维获取整合，从而通过更加灵活的金融产品和服务将单个企业不可控的风险转变为供应链中企业整体的可控风险。

在供应链金融的融资模式下，供应链内的企业通过资金这一融合剂，实现了更紧密的联动，内部成员的流动性和有机联结得到了稳固提升，更加适应互联网商业市场从企业与企业间“单打独斗”的竞争模式向整体供应链的“团队竞争”模式的转变。

对物流产业而言，供应链金融服务模式是对以往物流金融模式的拓展和深化。物流金融是指在物流业务运营中，银行和物流企业通过对动产、不动产和权利质押等多种方式，有效组织和调剂物流产业链中的货币资金运动，从而为有资金需求的企业提供融资服务。

与传统金融模式比较，供应链金融拓展了金融的服务范围和目标，它

可以将供应链内部的原材料、供应商、生产商、分销商直至消费者的产品价值全流程全部涵盖其中，是基于物流供应链为上下游所有企业提供金融支持和问题解决方案，能够更有效地解决国内物流企业，特别是众多中小物流企业的融资难题，这两种金融模式的区别如图 6-5 所示。

图 6-5　物流金融与供应链金融比较

我国的物流需求很大，市场上有多达几十万家物流企业，但其中很大一部分都是中小型企业。在国内油价和人工成本不断上涨、市场竞争愈发激烈的今天，这些利用自有资金发展的中小型物流企业，很难仅仅通过内部管理运营的优化缓解不断抬升的综合成本压力；同时，由于这些物流公司通常缺乏更多固定资产进行贷款抵押，因此也很难从银行等金融机构获得金融支持。

对于这些中小型物流企业来说，普遍面临着融资难的问题，而这也是阻碍它们实现可持续发展的重要因素。一方面，我国尚未建立起全面、合理的现代金融服务体系，银行等正式金融机构比较青睐大型国有企业，而针对中小企业的金融产品和服务比较匮乏；另一方面，中小企业自身规模小、贷款抵押能力不足、效益不稳定、信息不透明等问题，也对企业融资带来不利影响。

针对这个问题，很多银行推出了相应的金融服务产品，如华夏银行的"融资共赢链"、深圳发展银行的"供应链金融"、光大银行的"阳光供应链"等，这些金融产品在一定程度上解决了中小型物流企业融资难的问题，受到众多中小物流企业的追捧。

供应链金融产品围绕供应链的核心企业，以核心企业为信用背书，将资金注入供应链上下游的更多企业中，并通过对整体供应链风险的监控，将单个企业的不可控风险转变为更加可控的整体供应链风险，从而有效减少金融风险。显然，这种“N＋1＋N”模式改变了金融机构以往偏重固定资产评估的做法，转而以整体供应链和实时交易状况评估企业的信贷能力，从而使更多的中小企业能够从银行获得资金支持。

在这个金融服务思路中，决定物流企业融资是否成功的关键，在于其是否处于一个强有力的供应链中。也就是说，如果一个供应链中的核心企业获得银行青睐，那么参与到供应链 E-V 游的供应商、分销商以及提供配套服务的物流企业，便容易获得供应链金融服务；相反，那些处于实力较弱的供应链中的企业，则依然难以获得有效的金融产品和服务。

由此可以看出，供应链金融可以进一步加大物流产业的分化、兼并与整合。对于那些处于强力供应链内的中小型物流企业来说，供应链金融可以有效化解它们的解融资瓶颈，促使它们获得更好更快的发展，进而吸引更多优质的物流企业参与到供应链中；而那些资质不佳、处于弱势供应链中的物流企业将更加难以获得资金支持。

（二）打造供应链金融模式

物流金融和供应链金融有效地拓展了物流发展空间，可以为物流企业提供更广阔的发展空间和全新的创收渠道，如国际著名物流巨头马士基和 UPS 的主要收益来源都是物流金融服务。以 UPS 为例，其物流金融服务集中于仓储质押、代付款和代收款三个环节；同时，由于成立了自己的金融机构，UPS 能够为客户提供更专业、便捷的金融与物流服务，并以此为基础研发拓展更多高附加值的供应链金融产品。

就国内来看，由于非金融类机构没有经营融资类业务的资质，因此供应链金融是以银行等金融机构为主导、物流企业处于从属地位的运作模式。具体的供应链金融产品和服务，包括不动产质押融资、代收货款、保兑仓、融通仓、海陆仓、垫付货款、仓单提单质押、池融资、保理等。

虽然物流企业在供应链金融中处于从属地位，但它在其中发挥着不可替代的重要作用。例如，当前得到广泛应用的保兑仓业务，银行一般青睐自己指定物流企业进行货物的质押监管；物流企业则可以通过这一服务获得物流运营和货物评估与质押监管两方面的收益。同时，作为银行的合作伙伴，物流企业也能够借此构筑竞争壁垒，打造核心竞争力。不过，能够像中储运、中外运、中远那样与银行达成合作关系从而有机会承接质押监管业务的物流企业显然并不多。特别是对众多中小型物流企业来说，在规模、资质、网络、管理等各个方面都很难符合银行对物流合作伙伴的要求。

对于中小物流企业来说，想要在供应链金融模式下获利，就必须解决资信这一关键性问题，这就要求中小物流企业通过各种途径不断提升自己的资信水平,从而获得银行的信任。例如,当前很多物流地产企业除了布局保税物流中心,还积极在各个城市建立物流园区,而这些物流园区常常具有多元化的功能定位和综合服务能力,如区域配送中心(RDC)、快运转运中心、运输揽货站、配载服务部、售后配件中心、VMI中心、城市共同配送中心、期货物流、展销展示中心、信息服务和附属服务等。

如果中小物流企业能够与物流园区合作承接银行的质押监管业务,那么便可以借助物流园区的参与或担保,大大提升申请成功的概率;对银行来说,由于有着物流园区的参与或担保,因此可以更好地规避金融风险,实现业务拓展;而运营物流园区的物流地产商也能够借此获得新的创收渠道。

在供应量金融模式下,虽然大多数情况下中小物流企业并不能获得供应量金融的主要产品,但是仍然可以从这一模式提供的众多产品和服务中获利。例如,国内很多商业银行都上线了保理服务,即企业通过把国内贸易中形成的应收账款转让给银行的方式,获得银行提供的应收账款融资、财务管理、账款催收、承担坏账风险等综合金融服务。对物流企业来说,如果应收账款的债务方满足了银行的信誉评定标准,那么物流企业便可获得此项服务。

整体上看,物流供应链金融的主要参与者与获益者仍是实力雄厚的大型物流公司;但不可否认的是,供应链金融为各家物流企业带来了供应链管理思维,从"单打独斗"转向更加注重供应链整体建构的"团队合作",从而极大地推动了我国物流产业的优化整合与进步。

供应链金融为中小物流企业带来了新的发展空间,为它们解决了融资困难的问题,因此它们应该把握机会,顺应物流供应链管理的趋势,利用各种方法和渠道提升自身的服务水平和信用评级,积极参与到以优秀企业为核心的强势供应链中,从而获取供应链金融产品和服务,突破融资瓶颈,实现更好更快的成长。

本章小结

物流等基础设施建设是我国"十三五"期间的重点工程,智慧物流则是我国物流发展的大趋势。2018年4月22日至25日,首届数字中国建设峰会于福州举行,在该峰会上也强调了智慧物流建设的重要性。由此可见,推动智慧物流的发展对于推动我国社会进步具有重要的积极作用。本章主要研究智慧物流的技术基础、智慧物流的智能供应链延伸以及智能物流市场的新发展,系统地分析了我国智慧物流的发展现状,为智慧物流的未来发展指明方向。

第七章　物流风险管理

物流行业已经成为当前时代发展最具有潜力的行业之一,已经成为许多国家、地区、城市的重要产业。但是在物流的运转方面会存在一定的风险,要全面熟悉物流风险管理,充分掌握风险识别和评价方法,对物流风险管理策略以及解决方案进行实时监控和持续改进。

第一节　物流风险管理理论与方法

一、物流风险概述

(一)物流风险的定义

物流风险指的是发生在物流领域内的风险,相应的,参照前述风险的定义,可以给出物流风险的定义。

(1)狭义上的物流风险,是指未来物流损失发生的不确定性。

(2)广义上的物流风险,是指未来物流损失或收益发生的不确定性。

(二)物流风险的特征

一方面,对于物流风险来说,具有未来性、损失性、客观性、偶然性、不确定性、可测性、双重性;另一方面,物流风险还具有其自身的特点。

1. 传统物流与其他行业风险的比较

表 7-1 显示了传统物流与制造业的相关指标的对比情况。由于传统的物流具有一定的“网络化”“非封闭性”以及“产品无形性”的特点,所以,与其他的行业相比,传统物流面临的内外部环境更加的复杂多变,同时风险自身具有特殊性。

表 7-1　传统物流与制造业的比较

对比指标	制造业	传统物流
生产场所大小与开放度	"点"/封闭	"网络"/开放
生产流程标准化程度	较高	较低
生产过程的可控制性	较高	较低
生产产品	有形产品	无形产品
客户类型	直接客户较多	大多中间/间接客户
参与方	较少	较多(比如发货人、收货人)

2. 现代物流与传统物流风险的比较

表 7-2 显示了现代物流与传统物流的相关指标的对比情况。与传统的物流生产相比,现代物流具有"网"的特点,同时还强调向客户提供个性化的整体解决方案以及增值服务,所以,与传统的物流相比,现代物流面临更加复杂的风险。

表 7-2　现代物流与传统物流的比较

对比项目	传统物流	现代物流
客户	以公众为主、数量大、短期买卖关系	以协议客户为主、数量较少、长期合作伙伴关系
服务	单一功能性物流服务、标准化服务、被动式服务、流通环节为主	一体化物流解决方案的服务;定制化服务,适应客户个性化需求;主动式服务;拓展到整个供应链
设施	通用性设施	根据客户需要构建物流网络设施
运行模式	基于资产	基于非资产
业务流程	刚性	柔性
信息服务	极少	必备、共享
核心竞争力	网络覆盖面广	一站式服务、增值服务能力

3. 国际物流与国内物流风险的比较

国际物流主要是为了跨国经营和对外贸易服务,主要是要求各国之间的物流系统进行的相互接轨。随着国际分工的日益细化与专业化,国际的商品、货物流动会更加频繁,因更长的供应链、较少的确定性和更多的物流单证而使物流需求不断增长，物流经营者面临着距离（distance）、需求（demand）、多样性（diversity）和单证（document）等方面的壁垒（见表 7-3）。因而，与国内物流相比，国际物流具有国际性、复杂性和高风险性等特点。

表 7-3　国内物流与国际物流的比较

比较项目	国内物流	国际物流
物流环境	较简单	复杂，因各国社会制度、法律、人文、习俗、语言、科技、自然环境、经营管理方法等不同
沟通	口头或书面的系统就可实现沟通，目前已越来越多使用 EDI	口头或书面的成本较高，且常常无效，EDI 又为各国的标准不同而受到一定程度的限制
市场准入	限制较少	限制较多
政府监管机构	主要是物流安全机构	除物流安全机构外，还包括一关三检等监管机构
标准化要求	较低	较高
物流保险	货物与运输工具保险欠发达	货物与运输工具保险较发达
物流信息系统	较容易建立	较难建立
代理机构	较少	对国际运输代理（货代、船代）、运输经纪人、报关行有较强的依赖性
完成周期	以 3～5 天或 4～10 天为单位	以周或月为单位
库存	库存水平较低，反映较短的订货前置期、较小的需求及改善的运输能力	库存水平较高，反映较长的订货前置期、较大的需求和不稳定的运输
物流单证	涉及单证较少，且标准化程度低	繁杂且要求具有国际通用性
适用法规	本国的法律法规	已加入的国际公约与国际惯例
运输方式	以陆路（公路、铁路）为主	主要是以海运为主，空运与多式联运得到较广泛的应用
路线选择	路线选择受的限制较少，但同时也带来了路线选择上的困难	经由路线受到各国口岸及国际贸易方式等方面的限制，而且为了利用自由贸易区、保税区等优势易使商品运输路线发生改变

续表

比较项目	国内物流	国际物流
承运人责任	普遍实行严格责任制或完全过失责任制	各运输方式之间尚未统一，比如，国际海上运输基本上仍实行不完全过失责任制
物流联盟	重要性不同	较国内物流而言更为重要

（三）物流风险的效应与构成要素

1. 物流风险的效应

物流风险与一般的风险类似，具有相同的性质，同时物流风险还具有诱惑效应、约束效应以及平衡效应。

2. 物流风险的构成要素

物流风险主要包括物流风险因素、物流风险事故以及物流风险损失等三个因素。其中，物流风险因素引发物流风险事故，物流风险事故导致物流风险损失。

（四）物流风险的分类与成因

1. 物流风险的分类

针对风险的分类在很大程度上也同样适用于物流风险的分类，同时也有很多其他的分类。

(1)按主体划分：物流企业风险、货主企业物流风险。前者是指各类物流企业所面临的物流风险；后者是指货主企业因物流活动所面临的风险。

(2)按层次划分：战略层风险、管理层风险、操作层风险。

(3)按职能划分：营销风险、运营风险、财务风险、人力资源风险、安全风险、法律风险等。

(4)按内外环境划分：外部风险、内部风险。

(5)按业务内容划分：运输风险、仓储风险、物流金融风险等。

图 7-1 显示了物流企业的环境系统。

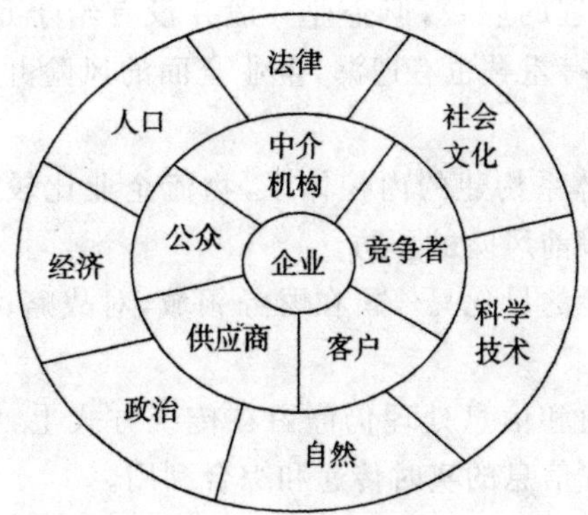

图 7-1　物流企业环境系统

2. 物流风险的成因

一般来说,物流风险的成因有如下三种。

(1)主观认识的局限性引起的不确定性。由于自然和社会运动的不规则性,经济活动的复杂性和经营主体的经验与能力的局限性,经营主体不可能完全准确地预见客观事物的变化,因而风险的存在不可避免。

(2)客观条件变化引起的不确定性。客观条件变化的不确定性,是指社会政治、政策、宏观经济和自然环境等方面存在的不确定性,它是导致企业风险的客观原因。

(3)控制能力的有限性引起的不确定性。有时,经营主体对某些风险虽然已有认识和预计,但由于技术条件和能力不能采取有效措施加以防范和控制。因此,控制能力的有限性与主观认识的局限性一样是风险产生的主观原因。

二、物流风险管理体系

(一)物流风险管理体系建设存在的问题与误区

1. 物流风险管理体系建设方面存在的问题

虽然全面风险管理已经出现了很长时间,在我国中央企业推行也有两年之久,但是,全面风险管理理论的发展及应用还是相对滞后的,尤其是物流企业方面,主要体现在如下几方面。

(1)企业管理层对全面风险管理的认识存在局限性,内控制度的完善还需要从领导抓起。

(2)风险管理的职能并不突出。当前物流企业一般主要是由企业管理部门来承担风险管理的职责,但企业一般并没有给予足够的资源,各相关部分对风险的控制有重叠也有遗漏,企业全面的风险并没有通过适当的方法归集和分析。

(3)基于ISO体系构建的内控体系,物流企业比较注重事中控制和事后管理,而忽视了事前风险的预防。

(4)企业对风险的量化只停留在财务领域,对战略、决策和运营缺乏量化指标。

(5)风险的沟通和信息处理仍停留在传统方式上,没有完全实行信息自动化,还不能实现信息的实时传递和综合利用。

2. 物流风险管理体系建设存在的误区

(1)把全面风险管理体系的建设理解为建章立制。其实从COSO框架的定义中我们可以看出,它们都被明确为一个"过程",不能当作某种静态的东西,如制度文件、技术模型等,也不是单独或额外的活动,如检查评估等,最好是内置于企业日常管理过程中,作为一种常规运行的机制来建设。

(2)全面风险管理体系与内部控制体系之间是相互独立的。建立内部控制和全面风险管理体系都是一个系统的工程,两者在内涵上有一定的重合,企业要综合考虑自身各相关业务的特点、发展阶段、信息技术条件、外部环境等,确定选择合适的管理体系和建设重点。如,在一些监管严格的金融业或涉及人民生命健康的制药和医疗行业,具有更加迫切的风险管理性,企业以将风险管理作为主导来进行内部控制会更容易。而在另外一些行业,为了符合信息披露中内部控制报告的要求,企业以内部控制系统为主导、兼顾风险管理可能更适合。

(3)全面风险管理和内部控制的作用被夸大。有些企业对内部控制和风险管理体系的建设存有过高期望,它们希望内部控制和风险管理可以确保企业的成功、确保财务报告的可靠性和对法律法规的切实遵循。而实际上,无论多么先进的内部控制和风险管理体系都只能为企业相关目标的实现提供合理的而非绝对的保证。

(二)物流风险管理体系建设的必要性

1. 尽快与世界经济发展和法律法规接轨

一些发达的国家将风险管理上升到了法律法规的高度上,如美国出台的萨班斯法、COSO综合控制体系的制定;英国出台的风险管理标准;在澳大利亚、新西兰联合制定并发表的国家风险管理标准，这些都促使我国企业必须建立全面风险管理体系。

2. 适应全球化竞争，缩小与国际大公司的管理差距

据普华永道对1000个大中型企业CEO的调查结果显示：38%的CEO称已建成完整的全面风险管理体系；35%已部分建成全面风险管理体系；16%正在计划实施这个体系；10%表示正在研究或尚无建立这个体系的计划。

（三）物流风险管理体系设计

物流风险管理体系，由风险管理目标、风险管理过程和风险管理资源配置三大部分组成。如图7-2所示。

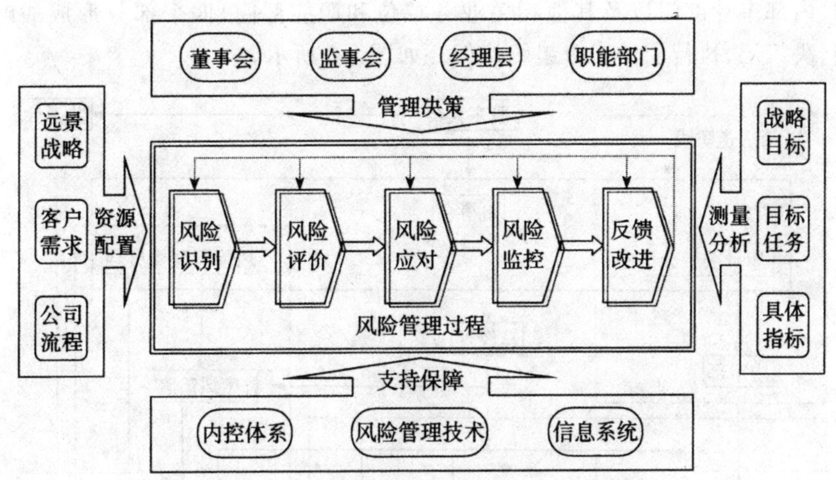

图7-2　物流风险管理体系结构示意图

1. 风险管理目标

风险管理目标是风险管理的方向，同时也是风险管理要得到的最终结果，具有多个层次与维度，并要充分地考虑企业不同价值取向和各个发展时期。在制定风险目标时，要考虑企业的风险偏好或风险容忍度，所谓风险容忍度指的是为了实现企业所制定的目标，在其实施的过程中对差异的可接受程度。风险容忍度应该是明确的、切实可行的、可以衡量的；风险容忍度应该在整个企业的层面进行适当分配，以便于管理和监控。

2. 风险管理过程

风险管理过程是为了确定最优的风险管理成本和最有效的资本配置方案,这个过程要便于公司组织内部对风险管理的理解和实施,并能主动支持公司的风险管理策略,是进行风险管理决策的基础。

3. 风险管理资源配置

风险管理资源配置指的是要优化实现风险管理过程中的"软件"和"硬件",是保证风险管理效率效果的必然性,主要包括风险管理组织体系、内控体系、管理信息系统、人员配置等。

物流风险管理组织体系由董事会(包括风险管理委员会、审计委员会)、监事会、经理层(包括首席风险官)、职能部门(包括独立的风险管理部门、内部审计部门以及其他相关业务单位和职能部门)四个部分形成战略层、决策层、执行层的三级组织构架。如图 7-3 所示。

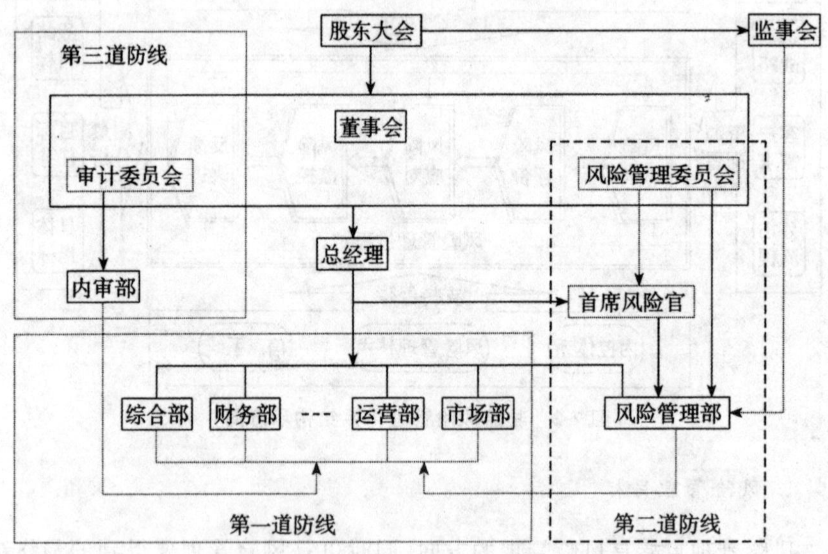

图 7-3　物流风险管理组织体系构架图

(1)战略层。

战略层由企业的董事会以及下设的风险管理委员会和审计委员会构成,主要负责的是企业风险管理的目标、方针、政策的制定和实施效果的检测和考核。

董事会。董事会在企业风险管理中处于领导地位,并就全面风险管理工作的有效性对股东会负责。构建科学规范并行之有效的企业风险的层级防控体系，关键是董事会核心作用的发挥。

风险管理委员会主要的职责是根据董事会确定的方针、政策和任务，对企业经营和管理过程中所涉及的风险控制和管理的事项进行协调和处理，具体组织落实风险控制和管理的有关事项，同时按照业务分管原则，对公司的下属单位实施风险控制和管理事项的监督指导。

审计委员会是按照董事会决议设立的专门工作机构，主要职能是协助董事会独立地审查公司财务状况、内部监控及风险管理制度的执行情况及效果，出具审计报告和内部管理建议书，以及与内部审计师和外部审计师的独立沟通、监督和核查工作。

值得注意的是，目前国内有不少公司将上述两个机构的职能合并，成立所谓的“审计与风险管理委员会”，这实际上是混淆了这两个机构的职能。

监事会。监事会指的是监督企业的风险，依法对公司、董事会和高级管理人员的监督权进行监督，对股东会负责。监事会监督作用的发挥，对构建科学规范并行之有效的企业风险层防控系统是不可缺少的。

(2)决策层。

决策层主要由总经理以及旗下的风险管理部、法律事务部和内控合规部、设计部、监察部等职能部门所组成，全面负责风险管理目标与政策的实施，通过制定相应的风险管理制度，各相关部门和岗位都开始开展风险管理工作。同时，风险管理的决策层还通过对风险管理方案的制定、评估、考核以及监控等，保证风险管理规范的全面贯彻。此外，目前众多国外企业在决策层设置CRO(首席风险官)来具体负责企业的风险管理。

决策层在企业风险管理制度的制定、风险防范方案的编制和执行中处于主导地位，就企业风险管理的有效性向董事会负责，并接受监事会的监督。其主要职责有：

第一，主导风险管理相关制度的制定。通过制定企业风险预警制度、风险分析制度、企业风险管理考核与奖惩办法以及相关内控制度等一系列的管理办法，确定流程、明确分工、落实责任，从而构建完整的全面风险防范体系。

第二，主导风险管理责任的落实。通过建立严格、规范的考核办法、奖惩制度，明确责任到每一个部门、每一个个人，量化标准到每一项工作、每一个流程，以保证企业全面风险管理工作在正确的轨道上运行。

第三，主导风险管理全过程的跟踪监控。对可能影响企业生产经营的每一项风险实行事前分析、事中预警、事后应对、即时调度、跟踪监控，督促各项整改措施落实到位，以保证风险管理工作的及时性和有效性。

(3)执行层

执行层由公司的各个部门、各业务单位以及各员工来共同组成。执行层是风险管理的具体实施单位,这要求企业的每个员工都具有风险意识,通过风险管理规范所要求的操作流程、审批权限、逐级汇报以及信息传递等行为的规范进行操作,从而保障风险管理的有效性、敏感度和应具备的快速反应能力。

执行层主要负责风险管理工作的具体实施,并对总经理或其委托的高级管理人员负责。它主要包括风险管理部门、各业务部门以及审计部门。

风险管理部门履行企业风险管理的综合职责。具体职责如下:

其一,研究提出全面风险管理工作报告。

其二,研究提出跨职能部门的重大决策、重大风险、重大事件和重要业务流程的判断标准或判断机制。

其三,研究提出跨职能部门的重大决策风险评估报告。

其四,研究提出风险管理策略和跨职能部门的重大风险管理解决方案,并负责该方案的组织实施和对该风险的日常监控。

其五,负责对全面风险管理有效性的评估,研究提出全面风险管理的改进方案。

业务部门履行专业风险的管理职责。各业务部门主要履行以下职责:

其一,研究提出本业务部门涉及的重大决策、重大风险、重大事件和重要业务流程的判断规则。

其二,搜集相关风险信息,对企业各项业务管理及重要管理流程存在的风险进行风险识别、风险分析和风险评估。

其三,研究提出并实施企业风险解决方案。

其四,跟踪检查风险管理工作的执行情况,并研究提出持续改进措施。

其五,做好培育企业风险管理文化的有关工作。

内部审计部门在风险管理方面需要负责研究提出全面风险管理监督评价体系,制定监督评价相关制度,开展监督与评价,并出具监督评价审计报告。审计部门主要履行以下职责:

其一,审计物流公司的资质、运费价格以及物流合同的签订程序。

其二,建立物流内控制度,健全情况审计。其三,物流单据以及凭证保管审计,查看是否由专人保管,是否有票据登记簿进行登记。

通过上述分析可以看出,在三级组织架构内明确战略层、管理层以及执行层各相关风险管理的职责,将风险管理及控制活动覆盖到本公司的各个部门、各层级以及相关的经营管理环节中,可以形成以市场风险为导向的风险控制与管理的三道防线。

第一道防线,即以相关职能部门和业务单位组成的业务单位防线。

第二道防线,即以风险职能管理部门和风险管理委员会组成的风险职能管理部门防线。

第三道防线,即由内部审计部门和审计委员会组成的审计防线。

第二节　物流企业风险管理实践

一、物流市场风险管理

(一)物流市场风险的概念与特征

1. 物流市场风险的概念

物流市场风险(market risk)是与整个物流市场波动相联系的风险,也称为系统风险(system risk)、不可分散风险。换句话说,物流市场风险是指未来物流市场的不确定性而对物流企业实现其既定目标的影响。

2. 物流市场风险的特点

(1)由全局性的共同因素引起的。经济方面如利率、现行汇率、通货膨胀、宏观经济政策与货币政策、能源危机、经济周期循环等,政治方面则如政权的更迭、战争冲突等,社会方面如体制的变革、所有制改造等。

(2)整体风险造成的后果具有普遍性,每个企业承担的风险基本上是均等的,只不过有些行业比另一些行业的敏感程度高一些而已。比如,基础行业、原材料行业等,是具有较高市场风险的行业;而生产非耐用消费品的行业,如公用事业、通信行业和食品行业等则是具有较低市场风险的行业。

(3)无法通过分散投资来进行消除。由于市场风险是个别企业或行业所不能进行控制的,是社会、经济、政治大系统内的一些因素引起的,影响了很多企业的运营,因此,企业无论如何选择投资组合都无济于事。

(4)与投资收益呈正相关关系。投资者承担较高的市场风险可以获得与之相适应的较高的非市场风险并不能得到的收益补偿。

(5)这种整体风险发生的概率是较小的。由于人类社会的进步,对自然和社会驾驭能力、对整体性风险发生的防范能力及其发生之后的综合治理的能力都有很大增强。

此外,市场风险还具有数据优势和易于计量的特点,并且可供选择的金融产品种类丰富。

(二)物流市场风险的种类

根据市场风险因素所具有的特征,可以将风险的因素分为四类,即物流宏观市场风险、物流行业环境市场风险、物流供给市场风险和物流需求市场风险。以下几种为与物流企业相关的风险。

1. 国家风险

国家风险指的是由于物流经营中东道国出现了一些难以预料的经济、政治和法律等的变动,因此使国际物流企业投资环境、经济环境发生了变化,使国际物流企业预期成本或利润与实际之间产生了差异,所造成的风险。国家风险主要包括政治风险、经济风险、法律风险和社会风险。

(1)政治风险主要指战争、内乱、政权更迭、国有化没收外资、拒付债务、政府干预等。政治风险具有一定的特殊性,一旦发生往往无法挽救且后果严重。

(2)经济风险如东道国实行外汇管制,使东道国货币不可自由兑换,从而限制了国际物流企业的收入流出;或承租方和出租方之间原本以避税为目的船舶租赁,将因税收政策改变,给船东的收益带来风险。

2. 政策风险

由于国家的各项宏观政策如货币政策、财政政策、行业政策以及地区发展政策发生了变化,导致市场价格波动产生了风险。出台或调整相关法规或经济政策,也会对物流市场产生一定的影响,一旦影响较大时,就会引起市场整体出现很大的波动,从而影响到公司利润、投资收益的变化。

3. 经济周期风险

物流业会因为经济周期性的影响而产生一定的风险。国际和国内经济的周期性波动将直接影响到物流市场需求和物流市场价格,从而对物流企业的经营效益产生较大的影响。

(1)国际经济及贸易因素导致物流需求波动的风险。国际物流业的整个产业链均同国际贸易和区域贸易发展密切相关。全球和各地区的经济增长呈现出明显的周期性特点,从而使国际贸易的增长出现波动。如果经济发生衰退或宏观环境不景气,将减少物流业的需求,进而对企业的业绩造成直接的影响。

(2)中国出口增长放缓的风险。中国出口量近十年来保持高速增长,但受人民币升值等因素的影响，中国出口量增长率有所放缓。因此，如果未来我国出口增长进一步放缓，将对本国物流企业的经营业绩产生一定程度的影响。显然，物流企业有必要做好业务规划和统筹，适时适度地加大海外业务拓展力度，积极应对可能出现的中国出口放缓所带来的风险。

为了防范经济周期风险，物流企业应加强对国际、国内宏观经济走势的研究，合理规划业务发展规模，使企业运力发展计划与运量增长保持适当比例，根据市场变化，优化业务结构，提高营利能力。

4. 环保风险

对于物流企业来说，环境保护是物流企业共同的问题。我国与世界各国对环保问题日益重视，未来可能会采取更加严格的环保制度和规则，所以物流企业可能会为了符合新的规定支付更多的费用以及购买保险，从而对物流企业的经营产生影响。为此，物流企业应当重视环境保护问题，并严格遵守各相关的环保政策。同时，应密切关注有关环保方面的新法规和规则，并加大对环保技术改造的投入，将环境污染风险控制在最低限度。

5. 金融风险

金融风险是指金融损失的可能性。其主要是由于金融因素，如利率、汇率变动、通货膨胀而引起物流企业实际的收益或成本和预期结果有偏差。

(1)外汇风险。它可大致分为汇率波动风险和外汇管制风险。由于物流企业编制的财务报表以人民币为货币单位，而物流企业大部分业务及经营使用外币结算，相当数量的运营资产同样以外币计价，因此人民币与外币间的汇率变动可能对物流企业的资产价值和盈利造成影响。

(2)利率风险。由于受到经济政策、货币资金需求、货币资金供给、经济周期以及通货膨胀率等多方面的影响，引起了利率水平的变动。利率上升将直接增加物流企业的财务负担。物流企业可以通过适当地控制长、短期借款比例，运用各种金融工具的方式积极对现有贷款利率水平进行管理，控制实际支付利息的利率水平，降低利率波动对物流企业盈利的影响。

(3)通货膨胀风险/购买力风险。由于物价的上涨，同样金额的资金，未必能买到过去同样的商品。这种物价的变化导致了资金实际购买力的不确定性，称为购买力风险或通货膨胀风险。在发生通货膨胀的情况下，本来并不热销的航运企业股票，将面临更大的购买力风险。

二、物流信用风险管理

(一)物流信用风险的含义与特点

1. 物流信用风险的含义

目前,无论是对信用还是对风险的含义都存在不同的理解,因此,信用风险至今也无一个公认的定义。

(1)狭义的物流信用风险定义。

与狭义的物流信用交易相对应,狭义的物流信用风险,是指在以信用关系为纽带的物流交易过程中,物流交易一方不能履行给付承诺而给另一方造成损失的可能性。其最主要的表现是企业的客户到期不付款或者到期没有能力付款所造成的经济风险。

(2)广义的物流信用风险定义。

与广义的物流信用交易相对应,广义的物流信用风险,是指在以信用关系为纽带的物流交易过程中,物流交易一方不能履行给付承诺而给另一方造成损失的可能性,以及物流交易一方无法履行责任而使另一方蒙受担保责任损失的可能性。

通过以上论述可以看出,在信用交易的过程中,物流企业既可以成为授信方,同时也可以成为受信方,所以,物流信用风险可以简单地定义为:在物流信用的交易过程中,由于物流企业的客户或是物流企业自身存在信用缺失,引起了物流企业出现损失。

2. 物流信用风险的特点

(1)信用风险的基本特征。

信用风险除了具有风险的一般特征外,还具有自己的特点。即:信用风险具有明显的投机风险的特征,也是信用交易中必然存在的;信用风险的货币性与集中性;道德风险在信用风险的形成中起重要作用;信用风险承担者对风险状况及其变化的了解更加困难;信用风险具有明显的非系统性风险的特征。

(2)物流企业信用风险的特点。

物流企业,既不同于工业企业,也不同于商业银行。它实际上既具有物质生产的性质,同时在一定程度上兼有商业服务的性质。从目前实际状况来看,物流企业的信用风险除了具备前述信用风险所共有的特征外,更具有风险性大的特点,其主要表现如下:

物流服务产品质量不易控制；物流服务交易中重复博弈概率下降；物流服务交易中的赊销期加长；物流信用风险涉及面广、应收账款数额越来越大；客户资信状况不一且不易核查；缺乏有效的信用风险防范手段；缺乏信用意识，信用管理制度尚未建立。

（二）物流信用风险管理的概念

物流信用风险管理，也称物流信用管理，有狭义和广义之分。

所谓狭义的物流信用风险管理，指的是物流企业对其授信活动和授信决策进行的管理活动。具体来说，即指物流企业在信息交易的过程中，通过制定信用管理政策，来指导和协调内部相关部门的业务活动，收集和分析客户的信用信息，并对其进行信用风险的评估，确定其授信额度、期限，来有效选择适当的债权保障和风险转移方式进行应收账款管理和逾期应收账款处理等一系列管理活动。

实际上，对于物流企业而言，既要从授信的角度制定信用政策，防范客户的信用风险；又要从受信的角度制定相关管理制度，防范企业因自身信用缺失可能造成的经营风险。因此，广义的物流信用风险管理是指物流企业为获得他人提供的信用或授予他人信用而进行的管理活动。

（三）物流信用风险管理的主要环节

信用交易是在商品交易的基础上衍生的，因此信用管理链也应当与交易链相对立。如图 7-4 所示，最上面一行所表示的是各个销售环节，即商品在交易的过程中包括了客户接洽、商业谈判、合同签订、货物转移、货款回收和逾期追款等。下面的一行表示的是企业信用风险管理的基本活动。从中可以看出，物流企业信用风险管理部门的日常工作内容与销售过程的各个环节都有着基本一致的对应关系。

（1）事前管理——客户资信风险的预测。管理的对象是客户。目在在于形成信用管理的事前保障机制。主要是将管理重点前移到销售业务发生前，针对客户的价值和风险进行统一的评估和预测，从而发现、筛选那些真正有潜力、信用好的客户，并针对不同的客户给予不同的赊销条件和信用额度。

（2）事中管理——对赊销业务的风险控制。管理的对象是应收账款单据和相关的债务人。主要包括合同履行（按时发运）监督以及交易纠纷的快速处理程序等。

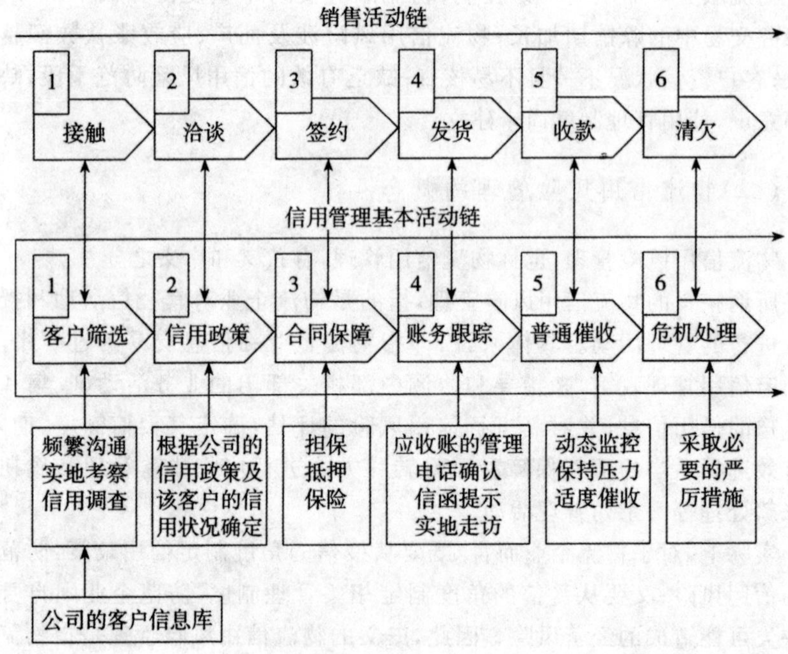

图 7-4 物流企业信用管理链

(3)事后管理——对货款回收的全面监控。管理对象是应收账款及债务人。主要是以应收账款为核心实行的一套欠款催收管理方案。经验表明,要使应收款回收速度加快,必须改变传统在收账问题上销售与财务职责设计不合理的现象,并实行一套有效的管理方法。

三、物流战略风险管理

(一)物流战略风险管理的含义与作用

1. 物流战略风险管理的含义

物流战略风险管理(strategic risk management,SRM),通过分析和制定、评价与选择以及实施与控制战略,来对风险进行识别、评估、监控,进而妥善预防和处理风险所导致的损失及其后果,并尽量降低经营成本,来获得最大安全保障的动态管理过程。

在企业战略实践过程中,物流战略风险管理可以被理解为具有双重含义:①物流企业发展战略的风险管理。②从战略性的角度管理物流企业的各类风险。

2. 物流战略风险管理的基本假设

(1)准确预测未来风险事件的可能性是存在的。

(2)预防工作有助于避免或减少风险事件和未来损失。

(3)如果对未来风险加以有效管理和利用,风险有可能转变为发展机会。

3. 物流战略风险管理的结果

(1)企业达到战略目标,取得很好的效益。

(2)没有达到战略目标,没有得到很好的改进。

(3)没有达到战略目标,绩效也下降了。

(4)企业破产。

4. 物流战略风险管理的作用

物流业是一个投资巨大、竞争激烈、风险极高的服务行业,一个错误的决策往往就可能导致整个公司的毁灭。

随着社会的进步与发展,物流企业将面临更加复杂的经营环境,其社会环境也会发生动荡,企业战略选择的影响因素也会更加的多样化,更具有不确定性,因此,物流战略风险已经成为企业所无法回避的现实问题,必须进行管理,才能更好地解决战略风险管理的问题,获得新的竞争优势。

由于企业的经营环境中各种因素的变化,以及企业内部组织管理体系的复杂性,使得企业战略管理的过程受到由此引起的各种风险因素的影响,从而影响企业战略的有效性。因此,如何辨识企业的战略风险因素,并采取措施规避由此引起的风险,成为战略管理的重要组成部分。

物流战略风险管理通常被认为是一项长期性的战略投资,其实施效果需要很长时间才能显现。

(二)物流战略风险管理方案设计与实施物流战略风险管理方案

设计与实施流程如图7-5所示。

1. 发生评估/监控外部风险的情况

(1)企业对外部环境的假设同实际情况不一致,比如实际情况已经发生变化或有可能企业的初始假设就不成立。

(2)企业缺乏一个有效、持续的流程以获取外部环境的相关信息。

为降低该风险,管理层需要建立一套机制/流程用以系统地监控外部环境变化,包括来自竞争对手、市场、监管及其他任何在企业自身组织之外的因素。

正因为企业今天的成功并不是明天胜利的保证,所以环境的变化对企业的影响是至关重要的,企业因此必须有能力确保其商业模式所依赖的假设及管理层对公司战略正确性的理解是与环境的变化相一致的。常见的监控方法包括进行行业分析、竞争对手分析、市场分析、标杆分析、不同可能方案分析等等。

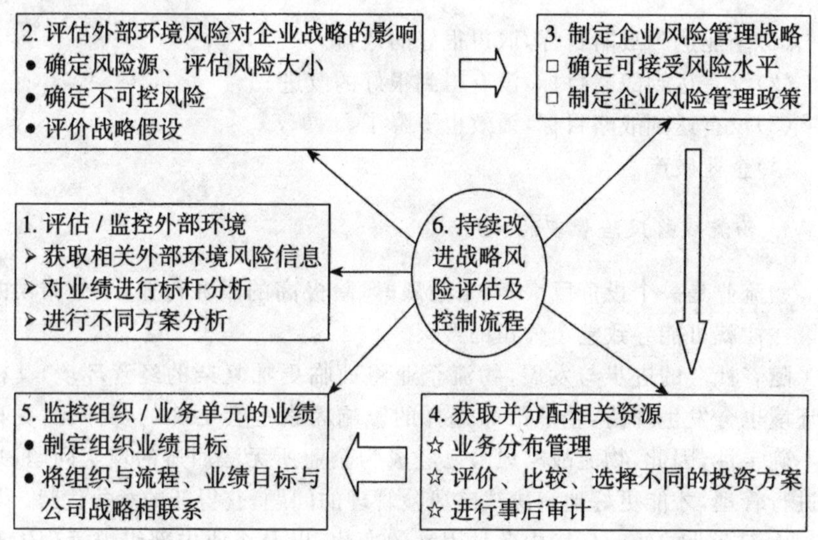

图 7-5　物流战略风险管理方案设计与实施流程

2. 评估外部环境风险对企业战略的影响

对于任何企业来说,都需要进行有效的风险评估手段,进而确认风险出现的源头,这一评估过程涉及企业组织架构和业务流程两个层面。

对于组织层面来说,风险评估是战略性的,因此主要侧重于对环境风险的评估。如若环境的变化影响到企业商业模式所依赖的假设,则企业必须对其战略目标进行重新考虑。为达到这一目的,企业需要一个机制/流程用以确保将组织内部每个人对环境变化的认识转化为公司的行动,而制定一套通用的风险定义就是该流程的一个重要组成部分。

第三节　企业物流与供应链风险管理

供应链环境下对于企业物流管理来说,提出新的特征和要求,制造企业如何联系上游供应商、下游分销商以及第三方物流对供应链中的库存、配送等物流活动进行管理是供应链环境下物流管理的关键问题。供应链环境下的库存与配送管理需要新的管理策略和方法,需要借助于第三方物流的优势及协作。

一、企业物流与供应链物流

物流是供应链流程的一部分,供应链物流是企业物流发展的产物,对现代物流的认识应该上升到供应链的高度。本节将对企业物流管理、供应链管理下的物流环境、供应链管理环境下物流管理的特征等进行介绍。

(一)企业物流的概念与组成

企业物流是指围绕企业经营的物流活动,是具体的、围观物流活动的典型领域。关于企业物流同时可以分为具体的物流活动为:供应物流、生产物流、销售物流、回收物流以及废弃物物流等。企业系统活动的基本结构是投入—转换—产出,将原材料、燃料、人力、资本等生产资料投入,经过制造或加工使之转换为产品。

物流活动是伴随着企业的投入—转换—产出而发生的。相对于投入的是企业的供应物流,相对于转换的是企业的生产物流,相对于产出的是企业的销售物流,而相对于销售环节的退换货、废旧产品的回收则是企业的回收物流,而相对于废弃品的环境无害化回收处置则是企业的废弃物物流。

(二)供应链风险管理的概念

1. 供应链风险管理的含义

供应链风险管理(Supply Chain Risk Management,SCRM)指的是通过识别供应链风险,使用最经济合理的方法来综合处置供应链风险,并对供应链风险处置建立反馈机制的一整套系统而科学的管理方法。

2. 供应链风险管理的目标

供应链风险管理的目标包括损失前的管理目标和损失后的管理目标,损失前的管理目标是降低风险发生的可能性,避免或减少损失的发生;损失后的管理目标则是尽快恢复到损失前的状态,两者结合在一起,就构成了供应链风险管理的完整目标。

（三）供应链风险管理的步骤

针对供应链风险管理的定义，对供应链风险管理思想认可的情况下成立有关组织，并开展相关的准备工作，包括风险管理对象的界定，是整体链还是其中一部分，对风险的态度是喜好还是中性还是厌恶，对风险管理战略以及实现什么样的目标，风险管理过程中所需要的方法、程序等都需要事前确定下来，即是准备工作，之后进行风险的识别、度量以及应对，同时在应对过程中要进行实时监控与反馈，及时调整、修正之前的管理内容，及时更新风险库，重新进行下一轮风险管理过程。

根据唐纳德·沃特斯的观点，供应链风险管理的步骤如下。

(1)认识到风险的重要性，得到高层管理者理解并支持，建立必要的组织设施。

(2)分析组织的风险战略、风险态度和政策，审视供应链风险管理的后果。

(3)定义供应链风险战略，为其他所有决策营造一个环境，这些决策包括风险态度、目标、方法和程序。

(4)进行一项审计、确认供应链的细节，并定义供应链风险管理的范围(特别是涉及整个供应链还是只是供应链的一部分)。

(5)识别供应链风险(已存在或可能存在的)。

(6)找出风险事件发生的可能性。

(7)分析风险事件的后果和预期价值，在风险、事件、反应和后果之间建立联系。

(8)利用以上的结果理清风险优先次序，确认最重要的风险并优先分配行动和资源。

(9)设计合适的风险反应策略，列出备选方案，选出最佳方案。

(10)计划应对方案的执行，交流结果，得到支持、分配责任、培训员工、定义程序等。

(11)监控操作，查看实际发生的风险事件，寻找关键事件或失控操作。

(12)必要时执行已计划的应对方案，把理论转化为实际行动，关注事情是否按计划进行，采取必要行动管理风险。

(13)控制应对方案并调整程序，这样企业可以维持最优风险反应，并更新风险记录。

洛杉矶基础运输委员会为重要的运输项目提供的风险管理指南，虽然每一个项目都有显著的不同，但是可以对这些指南进行调整来适应这些不同。下面列出了指南中的主要部分。

第一是准备，准备有以下几个步骤：

得到高级经理的认可和支援；确认项目中的主要任务和股东；确认相关风险政策、目标、宗旨和要求；确认可能的风险基本类型；回顾从以前项目得到的经验教训；为风险管理活动制定计划。

第二是进行风险的识别，主要步骤为：

针对风险测评，成立一个风险管理小组；审视其目标、政策和方法；分析相关活动的细节；联系股东，取得他们的意见；再次测评数据库里已有的风险；制作一张风险的定义性列表；利用一致认可的程序分析风险并归类。

第三是分析、确定风险的优先次序，主要包括：

对于每个风险的可能性形成一致意见；对于每个风险的后果形成一致意见；确认风险发生的时间窗；根据风险的影响、可能性和发生时间，为它们排序。

第四是针对每个风险设计出应对方案，主要有：

设计处理每个风险的选择方法；确认可以被承担的风险（低端风险）；确认可以被避免、转移或者减弱的风险；针对新的决策更新风险数据库。

第五是设计执行措施，主要包括：

设计执行以上应对方案的计划；检查执行所需的资源；检查准许、赞助和程序；计划所有剩下的必需活动。

第六是执行计划，主要步骤有：

保证所有程序都各就各位，特别是监控程序；检查启动应对方案的动因；需要时，执行应对方案；尽可能长期地管理应对方案；根据应对方案报告进展和结果。

第七是控制风险管理，主要包括：

定期地评审风险、应对和计划；积极主动地寻求并改进新的程序可能存在的风险，时常更新风险数据库。

二、供应链风险管理的核心环节

（一）供应链风险的识别

1. 供应链风险识别的定义

供应链风险识别指的是供应链风险管理者在确定了供应链风险管理的范围之后，将供应链分为一系列不同的部分，然后通过一些识别方法研究每一个单独的部分，并找出其所有可能存在的风险。风险识别的结果是列出尽可能多的可能影响供应链的各种风险事件。

2. 完整的风险识别过程包含以下步骤

(1)定义供应链流程。

(2)划分流程为一些不同但互相关联的部分。

(3)系统思考每一部分的具体细节。

(4)识别每一部分的风险及主要影响因素。

(5)找出所存在的风险隐患。

(二)供应链风险度量

1. 供应链风险度量含义

供应链风险度量指的是在特定风险发生的可能性或损失的范围与程度内进行估计与度量。只是通过识别风险来了解和判断灾害的损失青睐，对实施风险管理来说是不够的，还必须对风险发生的概率、实际可能出现的损失结果、损失的严重程度予以充分的估计和衡量。

2. 风险发生的概率

评估风险首要的问题是找出风险发生的概率，规定其值为 0～1。

Hallikas(2004)从风险事件的概率和结果的角度半定量化地研究供应链风险评估，所谓概率是指风险事件出现的概率，结果指风险事件发生后对企业造成的损失。Hallikas(2004)将概率划分为五个等级(见表 7-4)，这种半定量化评估的主要目的是帮助企业获取对内外环境更深刻的理解。

表 7-4 风险概率等级

排序	主观估计	描述
1	非常不可能	非常稀有的事件
2	不可能	有间接影响的事件
3	中等	有直接影响的事件
4	可能	直接影响强烈的事件
5	非常可能	事件重现频繁

唐纳德·沃尔斯(2007)把概率等级表述如表 7-5 所示，特点是界定得更具体。但此概率等级的划分也只是个参考，具体概率的等级依靠相关人

员的风险感知、环境和共同的文化。例如风险厌恶型的组织可能将风险概率在 0.25 左右定为高风险，风险喜好型的组织则会将这个值定为低风险。

表 7-5　阈值型风险概率等级

排序	概率描述	概率大约值	说明
1	不可能	0	永不可能发生
2	概率低	(0,0.25]	不太可能发生
3	概率中	(0.25,0.75]	有可能发生
4	概率高	(0.75,1]	可能发生
5	绝对可能	1	一定发生

由于事件的概率 0～1 是表明一定会发生或者一定不会单独发生，这里也包括无风险事件。通常会使用类别法，把事情的可能性描述成极低、低、高、极高。

概率的计算通常有三种方式。

首先是通过掌握情况来计算理论值。

$$1\text{个事件的概率}=\frac{\text{会造成这个事件发生的状况数}}{\text{所有可能的状况数}}$$

其次是进行观察，可以通过历史数据来观察一个事件过去发生的频繁程度，来获得一个实验上的概率。

$$1\text{个事件的概率}=\frac{\text{事件发生的次数}}{\text{观察的次数}}$$

最后是进行主观的推断，这个方法的不可靠是明显的，它依赖于他人的判断和意见。

3. 风险发生的影响

在对供应链风险进行评估过程中，不仅要考虑风险对某个供应链企业的影响，同时还要考虑供应链风险的发生对供应链整体所造成的后果；不仅要考虑供应链风险带来的经济损失，同时还要考虑其所带来的非经济损失。比如：信任危机、企业的声誉下降、知识退化等无形的非经济损失。这些非经济损失有时是很难用金钱来估价的。

很多时候，可以以成本的方式衡量风险发生的后果。比如送货延迟，可能导致的后果是罚款，但有时风险造成的后果无法用货币来衡量。例如一个工程的好坏，质量是必要条件，还要看是否按时完成；消防工作也是看花了多长时间才把火扑灭，这里时间成了衡量后果的指标。

同时,Hallikas(2004)将风险造成的结果划分为五个等级(见表7-6)。

表7-6　风险结果等级

排序	主观估计	描述
1	无影响	对公司无影响
2	小影响	小的损失
3	影响	引起短期的困难
4	严重影响	引起长期的困难
5	灾难性影响	经营中断

(三)供应链风险处理

1. 供应链风险处理的定义

供应链风险处理是供应链风险管理的第三个核心。识别供应链风险、评估供应链风险都是为了有效地处理供应链风险,减少供应链风险发生的概率以及造成的损失。

2. 供应链风险处理的方法

(1)供应链风险回避。所谓供应链风险回避指的是考虑到风险事件存在于发生的可能性,主动对其放弃或是拒绝实施某项可能导致风险损失的方案。通过风险回避,能够在风险事件发生之前完全彻底地消除某一特定风险可能造成的种种损失。比如某个地区政治形势愈发紧张,供应链可能为规避政治风险而搬去其他地方。

(2)供应链风险控制。供应链风险控制是指在风险发生前全面地消除风险损失可能发生的根源,并竭力减少致损事故发生的概率,在风险发生后减轻损失的严重程度。风险控制的基本点就是预防风险损失发生和减少风险损失的严重程度。它是风险管理中最积极、最主动的风险处理方法。比如建立弹性供应链应对中断风险;和供应链成员企业开展关系管理,进行信息共享,来减少库存风险带来的危害;对供应链进行流程重组,消除冗余环节,采取有效措施,使物流畅通。

(3)供应链风险自留。供应链风险自留指的是自担风险。当出现的某项风险无法避免或者是避免带来巨大的经济损失时或因为某种获利需要冒险时,就必须承担和保留这种风险。这是一种由企业自行承担风险损失发生后财务后果的处理方式。事实上,绝大多数不重要的风险都是采用风险自担的方式。

(4)供应链风险转嫁。供应链企业将风险损失通过经济合同有意识地转移给更有能力或更愿意处理风险的一方进行承担就是风险转嫁。只要风险转移后的支出比自己管理预期支出的情况低，管理者都愿意把风险转移出去。

在许多供应链上，核心企业往往利用自己的链主地位，把零部件库存风险往上游供应商转移。比如，让供应商在自己的生产组装厂现场周围设库，让供应商的零部件采用寄售的方式等。这种转移会带来风险的明显增长。

保险是一种常见的风险转移方式。通过缴纳保费从而规避风险发生时带来的损失，但是补偿损失可能只是实际发生损失的一部分，所以实质上并没有发生全部转移。

还有一种转移市场风险的做法是期货或期权。每当一个公司的主要原材料价格波动比较大时，公司可以通过金融市场锁定原材料成本，规避市场波动风险。

外包自己不擅长的业务，释放精力的同时也转嫁了风险。

(5)应急管理。当突然发生风险事件后，采取一定的方法和措施实施紧急恢复，将风险带来的损失降到最低，称为应急管理，主要是因为很多突发事件经常难以估计、预测。

3. 供应链风险监控

对于供应链风险处理的结果，风险管理者要进行评价。评价的结果可以作为后续进行风险处理的借鉴。供应链风险监控的目的也是为了能够有效地对风险进行控制，减少风险发生的概率与损失。

本章小结

本章主要是通过三个方面来讲述物流风险管理，分别是物流风险管理理论与方法、物流企业风险管理事件、企业物流与供应链风险管理。主要是对物流风险所具有的特征、效应以及构成要素进行分类和探索，同时在物流风险管理的过程中需要建立起相应的管理体系。物流企业风险管理主要包括物流市场风险管理、物流信用风险管理以及物流战略风险管理。同时在企业物流与供应链风险管理方面，站在工商企业的视角上，对物流以及供应链在实践的过程中所面临的其他风险及其应当具有的防范策略进行阐述。

第八章 物流管理中的社会责任

物流作为社会经济发展的基础和动脉，是联系生产企业与消费者之间的重要环节，起着承上启下的作用，物流业较一般制造业和流通业更具有广泛、重大的社会影响，其承担的社会责任也更大，必须要承担起环境、社会与利益的相关责任，实现经济的可持续发展。

第一节 可持续供应链

为满足一定的客户服务水平，在此条件下，将整个供应链系统达到最小，使供应商、制造商、仓库以及配送中心等各种渠道有效地组织在一起进行的产品制造、转运、分销以及销售方法就是供应链。可持续供应链是在整个供应链中融入可持续发展的理念，以求达到经济效益、社会效益和环境效益的协调优化，从而最终实现供应链的可持续发展。

一、供应链可持续化框架

从商品和供应链管理的视角来看，可持续行为往往是一种认识，即产业系统需要与自然达到和谐一致，使资源枯竭的速度不能赶超重置与再生的速度，要降低浪费，换句话说，制定供应链程序在满足日益增长的全球市场需求的同时，在整个供应链中产生良好的环境影响，因此，需要实施可持续供应链和绿色供应链管理。

表 8-1 展示的是不同作者对可持续供应链管理的界定和框架。表 8-1 中的定义和框架显示了供应链中不同的产品和流程要素，但都强调可持续性。它也传达了一些供应链中的功能要素，诸如采购、运营、运输和分销。不同作者的观点说明了可持续供应链管理的复杂性，也能让各个企业从多个框架中结合各种要素形成自己的体系。这种制定可持续管理的框架和相关实践对整个社会产生了良好效益。

表 8-1 可持续供应链管理的定义和框架

作者	定义和框架
Hervani,Helms 和 Sarkis	绿色供应链管理=绿色采购+绿色制造/物资管理+绿色分销/营销+逆向物流。其中,逆向物流是一种"闭环",包括传统的正向供应链,以及再使用、再生产、和/或物质再循环使之成为市场上的新材料或其他产品
Kleindorfer,singhal 和 Van Wassenhove	可持续包括环境管理、闭环供应链以及更广阔的包含 3P 的三重盈余模式,即将利润、人类和星球融入企业的文化、战略和运营
Liton,klassan 和 Jayaranman	可持续性在供应链管理核心基础上整合、扩展了相应的问题和流程,包括产品设计、副产品生产、产品使用中的副产品、产品尚明周期延长、产品终结以及生命周期晚期的再恢复
Srivastava	绿色供应链是将对环境的思考结合进供应链管理,包括产品设计、物资采购和选择、制造流程、将产成品分销发给消费者以及产品使用周期后的管理
Pagel 和 Wu	作为真正的可持续供应链最起码不用损害自然或社会,与此同时,在一段时间还能产生利润。真正的可持续供应链符合消费者愿望,并使商业永恒持续
Sharma 等	可持续的市场框架是基于持续环境中的两个主要目标,一是减少多余的供给,企业不会生产超出需求的产品(过剩生产),从而使得产品状况降低(再循环或再生产),二是减少企业制定再维修产品回收、再循环和再生产战略的逆向供应

但是,在广阔的功能基础上考虑各种供应链行为是有益的,例如,供应物流功能、生产和运营功能及分销物流功能。供应物流功能包括强调减少浪费、环境供应以及危害物减少的绿色采购战略。绿色采购战略往往要求与供应商或售卖者合作。

生产和运营管理包括了清洁和精益生产,设计中要考虑环境、全面环境质量管理以及各种产品生命周期晚期的管理实践,这些方法的出现与实践逐渐成为企业的趋势,因为可以使企业实现可持续的目标。在供应链分销物流中,主要的行动包括绿色营销和环境友好包装、仓储以及运输。

运输往往是生产运营过程中最重要的方面,因为它会产生大量的碳足迹。相关的运输战略包括运输方式的选择、燃料来源、路径、规划以减少部分装载或者返程空载等。这些与运输相关的战略得到了很多餐饮连锁店的关注，诸如赛百味和麦当劳。这些运输战略既能实现成本效率又能实现生态效益。

同时需要注意逆向物流系统和闭环物流或供应链系统。逆向和闭环系统都是对可持续性产生积极作用的重要战略。在这一点，需要考虑可持续性的 R 战略，即再使用、再生产、再恢复以及再循环。表 8-2 提供了各个 R 的简要描述。

表 8-2　可持续方法

再使用	再使用常常要求分解，这是一种系统地将产品转化为零件、部件、子部件或其他成分的系统方法。零件或部件可能会经清洗、检查后再装配，或者部件的再使用
再生产	再生产意味着产品或部件作为"新产品"回到市场，汽车零部件、轮胎和电子产品经常再生产
再恢复	再恢复指的是使用过的产品返回加工处，但不是"新产品"
再循环	再循环通常指资料的二次使用，通常包括玻璃瓶、罐头瓶、报纸、起皱的原料、轮胎等，面对个体家庭的再循环通常由政府代理机构承担

全球化、竞争化的环境要求供应链中的成员在政府的支持下更广泛合作，可持续问题将一直是具有挑战的复杂问题。

消费品和工业浪费的再循环已经成为最普遍的事情，原材料以及各种创新形式被再利用，通常再循环导致全新产品的创造，例如，汽车轮胎被转化成门垫及地板材料。在这儿，将具体讨论逆向物流和闭环系统，因为它们已成了商业或政府组织实现可持续化的重要组成部分。

二、逆向物流系统

对于供应链来说，需要管理四种流，分别是物料、信息、资金和需求。当物料从原材料提供者到最终消费者沿供应链下游流动并不断增值时，逆向物流会导致很多问题的产生。因此，逆向物流系统、产品回收系统、退货网络、企业退货管理等大量术语被使用，这表明退货数量及其重要性在不断增长，并需要对其进行有效管理。

首先，正如人们所知，由于供应链中的正向物流对客户服务、收入以及现金流都非常重要，因此通常受到人们的关注。而逆向物流经常被认为是无可避免的“灾祸”，或者充其量只是需要进行持续监控或不断降低的“成本中心”。

其次，信息和财务同样也是逆向物流和闭环供应链的重要维度。好的信息会推动供应链中的物流，从而提高效率和有效性。但是信息系统和技术在逆向物流中并没有被重视。如果企业希望通过管理逆向物流获得所有收益，就需要重视退货产生的现金或价值。这要求企业更加积极地管理逆向物流来获取这些收益。

最后，全球供应链带给逆向物流一些挑战与机遇。但是由于环境原因，一些欧洲国家较早实施了所谓的绿色法(green laws)，这意味着在这些国家经营的企业必须了解这些规则和政策。例如，绿色法通常要求逆向物流返回包装材料，而一些欠发达国家在这些方面非常不严格，从而引起在这些国家经营的企业的道德问题。国家之间的差异和全球化供应链的复杂性要求对全球逆向物流的相关问题进行严格的分析与评价。

三、逆向物流的重要性和特性

一些人认为，供应链和物流中的逆向物流是比较新的现象，但实际上，逆向物流多年来就已经成为物流和供应链的一部分。消费品企业和运输企业经常处理在某个环节上被退回的破损产品。例如，许多仓库专门留出一块区域对产品进行重新包装，这些产品可能只有部分被损坏。运输企业与不愿接受破损产品的客户进行交涉并承担破损产品的价值损失。

为了有效地弥补损失的收入，运输企业通常会将这些产品卖给废品回收站进行最终的转售。在过去，会用让客户支付空瓶押金的方式再回收利用饮料瓶。而发动机经过维修则可以被航空公司和其他大型设备部门循环使用，维修工作要求通过逆向物流将这些产品运送到集中地点进行维修。

还有许多再利用、再循环的例子可以用来说明逆向物流多年来已经是一些企业经营活动的一部分。最近由于对逆向物流的需求明显增加，人们更加重视逆向物流。

一些专家认为，企业所售出的产品有相当比例将被退回。没有人对这一比例进行过准确的测量，这一比例也因行业不同而不同。但是据估计，一些部门产品退回的比例大约可低至3%、高至50%，这很惊人。

据AMR Research估计，美国零售商因退货而损失销售总额的3%～5%，大约占物流成本的4.5%。在消费电子产业，平均退货率大约为8.5%，而在服装业达19.4%。其他一些关于退货的部门数据说明如下：目录零售业为30%,耐用品(电视机、冰箱等)为4%,图书出版业为10%~20%,娱乐业为10%~20%。

通过上述调查显示,很多行业都出现了退货的问题,这种趋势日益增大,因此要考虑的问题就是:为什么退货数量在不断地上升?具体分析如下:

在零售环节,网上销售产生的退货大约是柜台销售的两倍,因此可以看出,与传统的销售方式相比,网上销售的增加造成产品退货数量增加。此外,导致退货增加的另一个因素是,一些大型零售商的售后服务政策使退货变得非常容易(如无理由退货、无凭据退货、无时间限制退货等)。于是,问题被推回到了产品生产商,而生产商不得不接受退货,它们通常会从发票中扣除产品原价。

退货增加的第三个原因是人们对环境保护的日益关注。一次性容器与产品正以极快的速度充满垃圾站。同时,科技产品的快速更新也造成了逆向物流的增加。

为了便于进一步讨论分析,下面给出逆向物流的八种类型。

(1)报废产品,客户不想要的、损坏或有缺陷的产品,但是可以通过维修或再生产后再出售。

(2)陈旧、过时或临近保质期的产品,但是仍有一些回收或再销售价值。

(3)零售商未售出的产品,通常指有再销售价值的积压库存。

(4)由于安全或质量缺陷被召回的产品,可维修或回收利用。

(5)需要退换的产品,修理后再投入使用。

(6)可循环使用的产品,如托盘、集装箱、计算机喷墨盒等。

(7)可用于再生产或再销售的产品或零部件。

(8)可回收废金属,可用作进一步生产的原材料。

四、逆向物流系统与闭环

很多术语被用来描述与供应链中逆向物流管理有关的活动。其中关于逆向物流以及闭环供应链使用比较频繁,主要定义如下。

(1)逆向物流。为了获取价值或妥当处理,从目的地移动或运送商品的过程。

(2)闭环供应链。通过设计和管理来明确地考虑供应链中的正向和逆向物流活动。

虽然关于这两个术语有时可以作为同义词交替使用,但是二者之间确实存在差异。逆向物流指的是将新产品或是使用过的产品“逆向流动”进行维修、再使用、再处理、再销售、再循环或废弃处理的过程。逆向物流系统中的商品通常返回中心场所进行再处理。

处理通常包括运输、验收、测试、检测和分类，以及进行相应的操作。处理设施和相应的过程可以由第三方物流企业提供。逆向物流可以不取决于原始制造商，也就是说，系统不是为正向和逆向物流而设计和管理的。

在闭环供应链中，制造商在流程中是主动的，重点是减少成本和获取价值。最终的目标是每样物品都可以再利用或再循环。这里有几个例子来说明闭环供应链。

图 8-1 展示的是喷墨盒退货的闭环供应链。该图描述了施乐公司(Xerox)在 1991 年引入的一个项目，该项目于 1998 年得到推广。从图中可以看到，客户可以用预付费邮件退回喷墨盒。喷墨盒经过清理和检查后再填充使用。

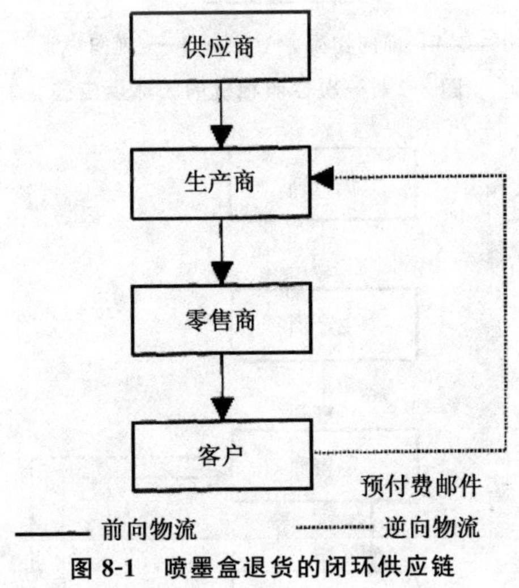

图 8-1　喷墨盒退货的闭环供应链

图 8-2 描述了一次性照相机的闭环供应链。20 世纪 90 年代初柯达公司开发了这样一个项目，即允许循环利用或再利用其生产的一次性相机的零部件。整个流程从客户将相机送回冲印商冲洗照片开始。冲印商收集相机将其送到收集中心，然后将相机分类运送给负责清理、拆卸和检查的分包商，再由分包商送至柯达工厂进行重新安装和再销售。消费者无法区分含有再制造零部件和循环利用材料的产成品。

图 8-3 描述的是商用轮胎翻新的闭环供应链。通常，货车运输车队，特别是大型车队的管理人员直接和轮胎翻新商交涉。在收到外胎后，轮胎翻新商对其进行修补并将翻新好的轮胎返回车队。这使得平衡供需的工作

更加容易。对于规模较小的汽车运输公司,管理人员通常和转卖商或轮胎经销商交涉,由后者将外胎运送给轮胎翻新商,随后再把翻新好的轮胎送回车队。

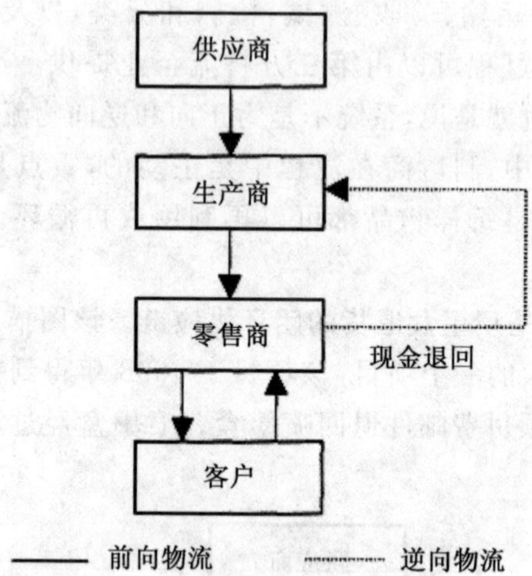

图 8-2　一次性照相机的闭环供应链

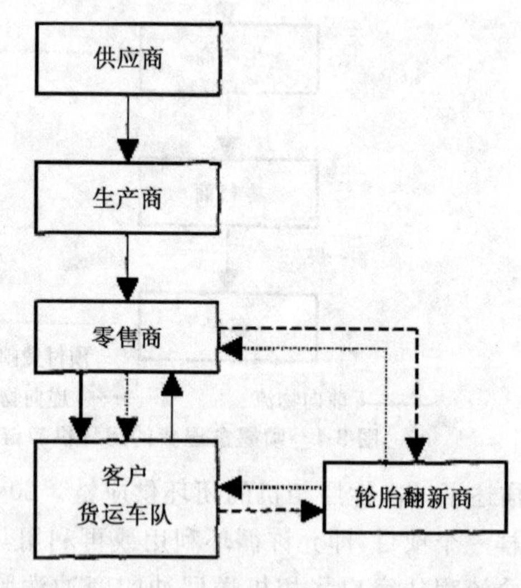

图 8-3　商用轮胎翻新的闭环供应链

闭环供应链也同样适用于轿车轮胎。由于需要集中零售商、汽车修理厂和经纪人的轮胎,然后成批卖给翻新商,轿车轮胎闭环供应链变得相对复杂。翻新商不得不出售再生轮胎,这可能带来一些困难。因此,其平衡供需就不像商用轮胎那么容易,有时翻新商面临保持轿车轮胎获利能力的问题。

以上三个例子可以看出闭环供应链具有的特点，即闭环供应链明确设计和管理向前与逆向物流以减少成本和获取价值。尽管它们并没有取得100％前向物流的回报，但确实收回了较大的比例。通过不丢弃垃圾中的物品，企业赢得了经济和社会利益。

逆向物流与闭环供应链不同，前者通常更难管理或更难形成一个可行的价值流。商品可能来自不同的地方，一些商品可能被认为是有害物质，因此在收集和处置的过程中需要进行特殊处理。对商品进行测试、分类、分级和检查往往是复杂的和需要时间的。

同样，翻新与改装也是复杂的、具有挑战性的，翻新后产品的再销售或许比较困难。应当注意的是，开发、设计和管理闭环供应链的过程不是对所有企业或所有产品都可行的。尽管具有挑战性，企业已经开始认识到谨慎、积极地管理逆向物流可能给企业带来的机会。

逆向物流的产生与增长主要是因为客户退货、环境挑战以及经济价值所引起的。正确理解逆向物流产生和增长的三个主要原因对了解有效和高效率的挑战与机遇是非常重要的。

(一)客户退货

客户退货的主要原因是，产品缺陷导致客户不想要、保修问题、产品召回和错误发货。一旦退货发生的潜在数量较大，管理产品退货过程将会对企业损益表产生实质性的影响。退货物流的内部流程因退货原因不同而不同，可能包括再储存进行再销售、维修后返回给客户及再存货进行再销售或处理。

退货率高的行业需要前面所提到的内部流程，如杂志、图书、贺卡、报纸、目录销售和内部销售等。有效管理这些流程将对企业损益表产生积极影响。当企业通过快速退回货款或退换产品处理退货问题时，同样会产生积极的客户服务效益。

一流的零售商将这种方法作为它们的客户服务政策的关键内容，如沃尔玛、塔吉特百货(Target)和百思买(Best Buy)。然而，该方法也同时造成了逆向物流的增加，所以企业需要找到一个允许合理退货却不鼓励不必要退货的平衡方法。现在许多零售商都对退货采用了一些措施以降低成本。

(二)环境挑战

由于环境问题与当地政府、州政府或联邦政府的管制政策有关，再循环与环境问题经常被人们提到。人们希望能够开发出更加环保的产品、鼓励制定出新的标准和公开制定再循环方案。这或许会令一些人感到惊奇，但是企业作为道德和社会责任的承担者在这个领域起到了积极作用。

事实上，3P 这一三重盈余模型[利润(Profit)、人类(People)和星球(Planet)，也称为三支柱]已经在 21 世纪得到了企业、政府和社会团体的广泛认同，三重盈余模型将 3P 整合进了企业的文化、战略和运营，使得企业扩展了衡量组织成功的价值范围和标准，包括经济、生态和社会因素。

实施这些企业政策不仅能够为公关关系带来价值，同时还可以与当地的企业和供应商合作来减少浪费、污染，进而改善整体生态效率，它们还能够提高产品质量、缩短生产时间和提高生产率。闭环供应链的讨论表明，企业采用更加积极的方法承担环境责任，并利用这些战略增强它们的总体财务能力。

由于环境问题的日益迫切性，闭环供应链的概念在全球范围内得到了高度的关注，一些国际组织如联合国、国际标准组织都制定了一些框架和工具，促使将环境思考整合进商业实践。例如，联合国的一些先进机构在 1994 年发起了零排放研究项目，1999 年更名为零排放论坛。零排放项目提出了一个概念，所有的工业投入都需要完全转换为最终产品，而且浪费的产品需要转换为其他生产链的价值增值投入。同样，ISO 在 1996 年首次公布了 ISO14001，提出了环境管理的运作要求，以指导产业企业的环境行为。

五、为逆向物流实现价值流

积极地管理逆向物流可以降低成本或增加收入，从而提高利润，这是闭环供应链和逆向物流系统都需要考虑的问题。

对于生产商来说，改造和翻新从逆向物流系统中得到的产品，通常其费用比利用基本的原材料或用零部件来生产新产品的费用还大，同时退货流程还会产生很多额外的成本。在回收退货产品及其残值时，时间和距离通常是产生成本的重要原因。

运输费用是逆向物流中最大的成本组成部分，常常占总成本的 25%，甚至更多。利用运输管理工具与技术改善和监控运输网络，通过更合理的安排拣货、配送及合并装载实现规模经济，都可以降低这一成本。

企业所主要面临的挑战就是退货流程的总成本预算，企业通常会对详细的正向运输流的相关成本进行比较和了解，通过利用历史平均吨英里费用估计未来的预算成本。此外，由于退货活动常常涉及分类、再包装，并且数量随机，与退货相关的管理费用也比较高。一旦企业有了经验，它们通常能够降低管理费用。

有些企业利用作业基础成本法计算逆向物流的实际成本。成本的量化包括所有与退货流程相关的成本——人工、运输、存储和库存持有成本、物料搬运、包装、交易和文书成本，以及适当的间接费用。另外，计算逆向物流的实际成本节约对确定经济价值增加（或减少）的权衡分析也是重要的。

经济价值评估完成后，重点工作是考虑可能阻碍逆向物流项目实施的障碍。这些障碍可以来自内部或外部，可能包括以下方面。

(1)相对于组织中其他问题和可能的方案或项目具有优先权。

(2)不注意获取或缺乏来自组织高层管理的支持。

(3)经营中必要的资金来源和资产基础设施。

(4)制定和实施逆向物流项目所要求的人力资源。

(5)足够的支持退货方案的物资和信息系统。

(6)当地、州和联邦政府的限制或管制。

在制定和实施逆向物流流程时，要考虑外部和内部出现的各种障碍因素。一些组织还可能会遇到其他的障碍。同时全球供应链也会带来额外的障碍，即使没有，其障碍也会在全球化基础上更加的复杂。企业在成功实施逆向物流项目时会仔细考虑各种障碍问题。

一旦可能的方案经证实具备合理性和经济可行性，早先为使逆向物流项目成为价值流而不是废弃流而制定的战略和策略，会使一些企业考虑选择第三方物流公司。第三方物流在过去 20 年里的发展和数目的增加使之成为非常可行的选择。

事实上，一些第三方物流专门从事逆向或退货系统管理。这种外包方案或许在许多方面都是有益的，但在这里讨论选择第三方物流方案恰好合适。

逆向或闭环系统通常与正向物流系统具有明显不同。既然管理逆向物流不是企业的“核心能力”，外包自然是可行的选择，但企业必须考虑利用第三方物流所能增加的经济价值。第三方物流通过运用能提供存货可见度的信息技术为全球供应链提供一些特殊优势。

当涉及对时间敏感的产品时，这点尤为关键，如电脑和相关辅助设备、复印设备、手机和其他个人通信设备。这类产品因生命周期较短而使其被淘汰或贬值的风险较高。时间价值是在这类产品退货过程中所要考虑的关键因素。在回收这类产品资产价值时，时间延迟的代价是非常高的。

因此，在实施逆向物流管理方案和第三方物流评价时，全生命周期因素（Total Life Cycle Considerations，TLC）越来越重要。例如，据估计全新打印机在等待出售时会丧失其20%的价值。产品的时间价值功能是资产回收决策中的重要因素。事实上,仅通过减少逆向物流过程中的时间延迟就能够带来价值的显著增加。

对时间敏感的产品明确地表明逆向流方案中物流流程的重要性,但是即使产品有较长的生命周期和较小的贬值风险,物流流程对提高逆向物流的效率和增加资产回收的经济价值也会起到关键作用。这一点对零售商尤其重要,这也是一些大型超级市场如此大量地利用第三方物流的原因之一。零售环节的客户退货有些能够达到50%。高速和高效的逆向物流流程对实现退货流价值最大化非常重要。

六、管理供应链中的逆向物流

在供应链中,在考虑管理逆向物流时要仔细考虑很多关键活动或问题,积极地管理逆向物流能够影响企业的财务状况,如果没有将逆向物流管理或是没有仔细进行管理确实会产生消极影响。因此,逆向物流教育协会(the Reverse Logistics Educational Council)提出了如下建议。

(1)避免。生产高质量的产品,并制定使退货最小化或消除退货的流程。

(2)把关。在逆向物流的入口点检查和审核商品,以消除不必要的退货或使退货最小化。

(3)缩短逆向周期时间。分析过程,压缩退货时间,以增加回收价值。

(4)信息系统。开发有效信息系统,以改善产品可见性、减少不确定性、使规模经济效益最大化。

(5)退货中心。为退货中心选择最佳的场所和设施布局,以促进网络流动。

(6)再生产或翻新。像闭环供应链内通常所做的那样,准备或维修返销产品使回收价值最大化。

(7)资产回收。分类和处置返品、残料、废料和废弃产品,使回收价值最大化而成本最小化。

(8)定价。为退货产品或返销产品确定最好的价格。

(9)外包。当现有的人力、基本设施、经验或资金不足以实施成功的方案时,考虑利用第三方组织来处理和管理逆向物流。

(10)零退货。制定政策,通过给予退货补贴或现场销毁产品退货来排除退货。

(11)财务管理。制定指导方针和财务程序,以正确地冲销当商品被客户退回时的销售费用和处理相应的财务问题。

第二节 绿色物流

传统的物流活动在各个环节上都不同程度地对环境产生了负面影响，随着经济转入成熟发展时期，物流将会成为经济发展的重要支柱，因此，为了充分发挥现代物流产业对经济的拉动作用，实现长期可持续发展，必须从环境角度对物流系统进行改进，形成一个与环境共生的现代综合物流系统，即绿色物流。

一、绿色物流的产生

20 世纪 90 年代初，西方国家的企业界以及物流界的学者提出了绿色物流的概念，绿色物流很快就得到了政府、学术界以及企业界的高度关注。很多国家的政府部门通过立法限制物流过程中的环境影响，如：欧盟国家、美国和日本等都制定了严格的法规限制机动车尾气排放和废弃物污染；很多跨国公司如施乐、柯达、美辛、惠普等都实施了可利用废弃物的回收项目，收益显著。归纳绿色物流产生的原因，主要包括下述四个方面。

（一）环境问题广受关注

20 世纪 70 年代开始，人们越来越关注环境问题，环境问题已经融入社会经济的每一个领域中，其中也包括环境问题对物流行业的影响，因此，产生了绿色物流。绿色物流可以追溯到 20 世纪 90 年代初人们对运输引起环境退化的关注：道路、码头和机场等交通基础设施的建设占用了大量的土地；汽车等交通工具尾气排放成为城市空气的主要污染源之一。

一些专家学者将环境问题作为物流规划的一个影响因素，成为绿色物流的雏形。此后，绿色物流从运输逐渐扩展到包装、仓储等活动中，逐渐形成一个比较完整的概念和体系。同时，绿色消费运动在世界各国兴起，消费者不仅关心自身的安全和健康，还关心地球环境的改善，拒绝接受不利于环境保护的产品、服务及相应的消费方式，进而促进绿色物流的发展。

（二）物流市场的不断拓展

从传统物流到现代物流，物流市场不断地进行扩展和进步。传统物流关注的是从生产到消费的流通过程，与传统物流不同，现代物流则将这一过程延伸至从消费到再生产的流通。逆向物流由此诞生。它包括废旧商品的循环流通和废弃物的处理、处置、运输、管理。逆向物流可以减少资源消耗,控制有害废弃物的污染,因此也属于绿色物流的范畴。

(三)经济全球化潮流的推动

在经济全球化的发展下,一些传统的关税和非关税壁垒逐渐被淡化,逐渐兴起环境壁垒。为此,ISO14000 成为众多企业进入国际市场的通行证。ISO14000 的两个基本思想是预防污染和持续改进,它要求建立环境管理体系,使企业经营活动、产品和服务的每一个环节对环境的影响最小化。ISO14000 不仅适合于第一产业、第二产业,也适合于第三产业,尤其适合于物流行业。物流企业要想在国际市场上占有一席之地,发展绿色物流是其理性选择。

(四)各国政府和国际组织的倡导

在发展绿色物流的过程中与政府之间的行为具有很密切的关联。凡是绿色物流发展较快的国家,都是在政府的大力提倡下进行的。各国政府在推动绿色物流发展方面所起的作用主要表现在:①追加投入以促进环保事业的发展;②组织力量监督环保工作的开展;③制定专门政策和法令引导企业的环保行为。

联合国环境署、WTO 环境委员会等国际组织举行了许多环保方面的国际会议,签订了许多环保方面的国际公约与协定,这在一定程度上为绿色物流的发展铺平了道路。

二、绿色物流管理的内容

绿色物流属于多层次的概念,包括企业的绿色物流活动,社会对绿色物流活动的管理、规范和控制。从环保物流活动的范围来看,它既包括各个单项的绿色物流作业,如绿色运输、绿色包装、绿色流通加工等,还包括为实现资源再利用而进行的废弃物循环物流,是物流操作和管理全程的绿色化。

绿色物流作为当今经济可持续发展的重要组成部分,对经济的发展和人民生活质量的改善具有重要的意义,无论政府有关部门还是企业界,都应强化物流管理,共同构筑绿色物流发展的框架。

(一)对发生源的管理

对发生源的管理主要是在物流过程中对产生的环境问题来源进行管

理。由于物流活动的日益增加和配送服务的发展，其运输途中运输车辆可以根据需求来增加，这必然导致大气污染的加重。为此可以采取以下措施对发生源进行控制。

(1)制定相应的环境法规，对废气排放量、噪声及车种进行限制。

(2)采取措施促进使用符合限制条件的物流运输工具。

(3)普及使用低公害物流运输工具等。

20世纪90年代末我国开始强化对污染源的控制，如：北京市为治理大气污染发布两阶段治理目标，不仅对新生产的车辆制定了严格的排污标准，而且对在用车辆进行治理改造；在鼓励更新车辆的同时，采取限制行驶路线、增加车辆检测频次、按排污量收取排污费等措施；经过治理的车辆，污染物排放量大为降低。

(二)对交通流的管理

主要包括两点：①政府投入相应的资金，建立都市中心环状道路，制定有关道路停车管理规定，采取措施实现交通管制系统的现代化；②促进公路与铁路的立体交叉发展，从而减少交通堵塞，提高配送的效率，达到环保的目的。

(三)对物流包装的管理

它指对物品的包装制定相关政策，采取行政措施，限制包装污染，尤其是"白色污染"。为此应鼓励采用可回收利用的包装，并对产生污染包装的企业采取严厉的惩罚措施，以减少因包装产生的对环境的压力，减少资源的浪费，形成资源的可持续发展。

(四)对交通量的管理

在管理交通量的过程中，主要有以下几个措施。

(1)发挥政府的指导作用，推动企业从自用车运输向第三方物流运输转化。

(2)促进企业选择合理的运输方式，发展共同配送。

(3)政府统筹物流中心的建设。

(4)建设现代化的物流管理信息网络等。

通过这些措施来减少货流，可有效地消除对流运输，缓解交通拥挤状况，从而最终实现物流效益化，提高货物运输效率。

三、绿色物流的实施战略

(一)树立绿色物流理念

政府要针对环保方面做出相应的实施政策,加强宣传环保的重要性和紧迫性,要让企业、社会组织以及公众具有危机意识,为绿色物流的实施营造良好的舆论氛围和社会环境。物流企业要打破"环保不经济、绿色等于消费"的传统观念,应着眼于企业和社会的长远利益,树立集体协作、节约环保的团队精神,将节约资源、减少废物、避免污染等作为企业的长远发展目标。

(二)推行绿色物流经营

物流企业要从保护环境的角度制定其绿色经营管理策略,以推动绿色物流的进一步发展。

1. 搜集和管理绿色信息

物流不仅是商品空间的转移,也包括相关信息的搜集、整理、储存和利用。绿色物流要求搜集、整理、储存的都是各种绿色信息,并及时运用于物流中,促进物流的进一步绿色化。

2. 开展绿色流通加工

由分散加工转向专业集中加工,以规模作业方式提高资源利用率,减少环境污染;集中处理流通加工中产生的边角废料,减少废弃物污染等。

3. 选择绿色运输

通过有效利用车辆,减少车辆运行,提高配送效率。如:合理规划网点及配送中心、优化配送路线、提高共同配送及往返载货率;改变运输方式,由公路运输转向铁路运输或海上运输;使用绿色工具,降低废气排放量等。

4. 提倡绿色包装

包装不仅是商品卫士,也是商品进入市场的通行证。绿色包装要醒目环保,还应符合 4R 要求,即少耗材(Reduction)、可再用(Reuse)、可回收(Reclaim)和可再循环(Recycle)。

(三)加强对绿色物流人才的培养

作为新生事物,绿色物流对营运筹划人员和各专业人员的素质要求较高,因此,要实现绿色物流的目标,培养和造就一批熟悉绿色理论和实务的物流人才是当务之急。

(四)开发绿色物流技术

绿色物流的推行不仅要依赖于树立绿色物流观念、绿色物流经营,同时更加离不开绿色物流技术的应用和开放。没有先进的物流技术,就没有现代物流的立身之地;同样,没有先进绿色物流技术的发展,就没有绿色物流的立身之地。

国内的物流技术与绿色要求有较大的差距,如物流机械化方面、物流自动化方面、物流的信息化及网络化,与发达国家的物流技术相比,大概有10～20年的差距。要大力开发绿色物流技术,否则绿色物流就无从谈起。

第三节 低碳物流

低碳经济的提出,为人们应对温室效应和全球化气候变暖提供了具体的科学理论指导。以低碳经济为目标,人们提出了遏制全球气候变暖、降低二氧化碳排放的众多具体而行之有效的措施和理论框架。为了能够与低碳经济发展目标相适应,产生了低碳物流。

一、低碳物流的来源

近年来,为了降低二氧化碳排放量而出现的低碳经济模式越来越吸引人们的目光。低碳经济(Low Carbon Economy)一词最早见于2003年英国能源白皮书《我们的未来:创建低碳经济》,它是指在可持续发展理念指导下,通过技术创新、制度创新、产业转型、新能源开发等多种手段,尽可能地减少煤炭、石油等高碳能源消耗,减少温室气体排放,达到经济社会发展与生态环境保护双赢的一种经济发展形态。

(一)发展低碳经济的紧迫性

1. 全球气候变化带来了严峻挑战

发展问题一直是人类社会所面临的根本问题。自工业革命以来,随着全球人口的不断增长和经济规模的不断扩大,发达国家在工业化过程中大量消耗能源,导致大气中温室气体的浓度不断增加,引起了全球气候以变暖为主要特征的显著变化。

中国作为发展中大国,随着经济高速发展,化石能源消费快速增长,温室气体排放量一直位居世界前列。国际能源局(IEA)研究表明,到2030年我国二氧化碳排放总量很可能超过美国,居世界第一位。因此,中国的气候变暖趋势与全球总体趋势基本一致。中国是最易受气候变化不利影响的国家之一,其影响主要体现在农牧业、森林和其他自然生态系统、水资源和海岸带等方面。

(1)对农牧业的影响。气候变化对中国农牧业已经产生了很明显的负面影响,农业生产不稳定增加;局部地区呈现干旱高温的现象;因气候变暖引起农作物发育期提前而加大早春冻害;草原产量和质量有所下降;气象灾害造成的农牧业损失增大。

(2)对森林和其他自然生态系统的影响。气候变化对中国森林和其他生态系统产生的影响主要表现为:东部地区亚热带、温带北界北移,物候期被提前;很多地区林带下限上升;山地冻土海拔下限升高,冻土面积减少;全国动植物病虫害发生频率上升,且分布变化显著;西北地区冰川面积减少,呈全面退缩的趋势,冰川和积雪的加速融化使绿洲生态系统受到威胁。

(3)对水资源的影响。气候的变化已经对中国水资源的分布产生了影响。近年来,各个地区的海洋、河水资源总量呈现明显减少的状态,南方河流水资源总量略有增加。洪涝灾害更加频繁,干旱灾害更加严重,极端气候现象明显增多。气候变暖可能将增加北方地区干旱化趋势,进一步加剧水资源短缺形势和水资源供需矛盾。

(4)对海岸带的影响。近年来,中国的海平面上升趋势不断地增加。海平面的上升引发了海水入侵,使土壤盐渍化,严重损害了滨海湿地、红树林和珊瑚礁等典型生态系统,降低了海岸带生态系统的服务功能和海岸带生物多样性;气候变化引起的海温升高、海水酸化使局部海域形成贫氧区,海洋渔业资源和珍稀濒危生物资源衰退。

2. 发展低碳经济成为世界共识

在未来,温室气体的水平过高会导致全球气温变暖,会对人类生活产生负面影响。因此,为了避免气候发生灾难性变化、保持人类社会的可持续发展,必须实施低碳经济。

作为一个负责任的发展中国家,中国已经充分认识到应对气候变化的重要性、严重性和紧迫性,为改变中国的国际形象,彰显大国责任,把应对气候变化与实施可持续发展战略,加快建设资源节约型、环境友好型社会,建设创新型国家结合起来，积极发展低碳经济，以发展低碳经济为核心，以节约能源、优化能源结构、加强生态保护和建设为重点，以科技进步为支撑，努力控制和减缓温室气体排放，不断提高适应气候变化的能力。

（二）物流在发展低碳经济中的特殊作用

低碳经济的实施与发展是一项长期又复杂的系统工程，不仅需要技术、法律以及政策，同时也需要物流系统的支撑与保障，物流系统作为经济系统的子系统，在发展低碳经济中具有重要而特殊的作用，如图 8-4 所示。

在经济系统的内部，物流系统将生产、流通、消费、再生四个基本过程连接起来，运用包装、存储、装卸、运输以及信息处理等手段，消除不同过程之间的时间差异和空间差异，进而将物质资源由上一个过程送至下一个过程。物流系统及时、准确、安全、节约的运作目标，与低碳社会的合理利用社会物质资源的构想正好吻合。

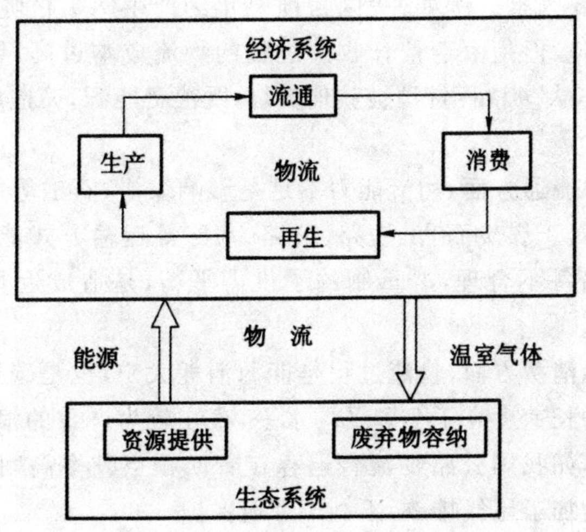

图 8-4　物流系统的作用

因此，在低碳经济发展过程中，应充分重视物流系统的地位与作用。探讨支撑低碳的物流系统，具有重要的理论意义和现实意义。

（三）物流现状与低碳经济需求的差距

低碳经济的发展，最主要、核心的问题就是新型能源的安全问题。能源是人类社会赖以生存和发展的物质基础，能源安全问题关系到国家政治安全、经济安全的最大战略性问题。进入 21 世纪，随着工业化、城镇化进程加快，我国能源安全形势发生了显著变化，出现一系列新问题与新需求。

国内方面,能源安全的主要矛盾由供需总量平衡矛盾转化为由温室气体排放与环境保护压力引发的能源结构矛盾,石油尤其是优质石油供需缺口持续扩大、价格不断攀升。国际方面,随着石油进口量逐年增长,我国能源对外依存度接近50%,这意味着能源供应的脆弱性也越来越明显,国际政治、经济等方面的各种干扰极易威胁我国能源安全。

但是,当前我国存在的问题就是能源安全保障工作,尤其体现在物流服务体系的建设上。物流服务体系是以物流产业为主导,提供满足特定目标的物流服务,使功能上相互联系、相互作用的各种物流要素和系统形成复杂的大系统。

当前,我国物流产业由于存在市场集中度低、设施规模小且布局分散、信息化水平低下、管理体制割裂等关键问题,导致物流服务体系建设严重滞后于保障能源安全的需要,主要表现在以下方面。

(1)在能源生产方面,物流成本较高是制约生物质能以及各种可再生能源发展的主要因素。例如,我国目前每年约产生7.7亿吨秸秆,可折合标准煤3.8亿吨,但是由于秸秆收集过程的物流成本过高,导致能源化利用率不足40%,大量秸秆资源被就地焚烧,既浪费能源,又造成严重的环境污染。

(2)在能源流通方面,物流能力不足是影响煤炭、石油等能源稳定供应的关键因素。对于煤炭而言,铁路、公路、水路等运输方式能力不足,以及衔接不顺畅、储备不合理,严重制约了供需平衡,是造成近几年部分地区"电荒"的关键。

(3)在能源消费方面,物流过程是能源消耗大户,也是碳排放大户。而且,物流能耗增长速度高于全国平均水平,存在较为严重的浪费现象,节能减排潜力很大,如我国公路物流普遍存在着回程空驶率高问题,既不利于节约能源,也增加了尾气排放,不利于环境保护。

二、低碳物流的概念

(一)低碳物流概念评述

当前国内对于低碳物流可以从两个方面来进行界定,一方面是强调物流系统的"碳减排",另一方面,强调物流活动在发展过程中促进低碳经济发挥积极作用。低碳物流是满足低碳经济发展需求,采用先进的物流技术和管理手段,直接和间接抑制温室气体排放的资源节约型、环境友好型物流过程。

根据这个定义,可以将低碳物流分为以下两种类型。

(1)直接减排型。对物流进行整合与优化,采用碳排放较低的物流方式直接取代碳排放量较高的物流方式。例如,在所有的交通运输工具中,小型汽车的二氧化碳排放量是最高的,是铁路和水路运输的100倍。因此,要限制小型货运汽车的保有量,建立起健全多式联运体系,将公路、铁路和水路运输方式结合起来,降低公路运输方式所占比重成为世界各国节能减排的主要途径,并已取得了极其显著的成效。

(2)间接减排型。指通过物流整合与优化,促进资源循环,减少原生资源消耗,维持生态系统的碳循环平衡。

(二)低碳物流与相关概念的比较

当前环境资源问题日益严重,从资源与环境的角度上来探索和研究物流系统,进而提出了“绿色物流”“逆向物流”“循环物流”等概念。低碳物流与这些概念既有相通之处,也有根本性的区别。

1. 与绿色物流的比较

绿色物流是在提出的“绿色制造”与“绿色设计”之后的新的理念,将节约资源和环境保护纳入物流中去,使之成为物流系统的内在目标与根本属性。目前国内外有代表性的绿色物流定义如下。

(1)美国逆向物流执行委员会(RLEC)的定义:绿色物流也称为“生态型的物流”(Ecological Logistics),是一种对物流过程产生的生态环境影响进行认识并使其最小化的过程(The Process of Understanding and Minimizing the Ecological Impact of Logistics)。

(2)我国《物流术语》(GB/T 18354—2006)的定义:在物流过程中抑制物流对环境造成危害的同时,实现对物流环境的净化,使物流资源得到最充分利用。

目前,对绿色物流的研究主要集中体现在以下两个方面:一是理论研究,要不断对绿色物流的概念框架和理论体系进行完善,阐述实施绿色物流对于资源节约、环境保护的意义,目前已经逐步发展成绿色供应链管理理论;二是从各物流要素对环境造成的污染入手,提出以控制物流要素的污染来实现绿色物流。

绿色物流与低碳物流相比,其将资源节约与环境保护纳入了物流概念的范畴,强调抑制物流过程自身对环境造成危害,以环境污染最小为首要目标。这种思想对于低碳物流具有重要的指导意义,直接减排型的低碳物流同绿色物流在本质上是一致的。

2. 与逆向物流的比较

20 世纪 90 年代提出了逆向物流(Reverse Logistics)的结论,近年来得到了迅速发展,在理论研究与实践研究两个方面均取得了显著成果。

(1)理论研究。

斯托克(Stock)在 1992 年较早指出了逆向物流对商业和社会的重要性。考皮克(Kopicki)等人在 1993 年提出了逆向物流的原则和实践,讨论了再生利用和循环利用的机遇,在 1998 年深入讨论了再生利用和延长的生命周期所产生的市场影响。斯托克也在 1998 年再次对逆向物流的构建与实施进行了详细论述。

逆向物流的内容应该涵盖以下几个方面:第一,由于损坏、季节性、再储存、残次品、召回或者过度库存等原因而处理的回流商品;第二,再循环利用的包装原料和容器;第三,修复、改制或翻新的产品;第四,处理废弃的机器或设备;第五,处理危险物料;第六,恢复价值。

逆向物流系统是由人、过程、计算机系统以及承运商组成的一个集合,他们相互作用,共同实现物品从终结地到来源地的流动。

(2)实践研究。

自 20 世纪 90 年代末期以来,很多外国的学者针对逆向物流的研究更加侧重实践,即关于企业如何有效地进行逆向物流决策、协调参与主体的效益背反关系及具体执行问题,结合各学者的研究,可得出以下结论。

第一,在产业类别上,60%的论文研究制造业的逆向物流问题、20%研究批发零售业、10%研究建筑业,另有少量论文研究交通运输与通信业及公共服务业等。

第二,在产品类型上,接近 50%的论文研究金属制品;近 30%的论文研究木材、塑料、纸张等加工产品;近 20%的论文研究食品、饮料、香烟、服饰等生活用品;另有少量论文研究非金属矿物产品。这说明对于逆向物流的研究大多集中在高附加值的产品上。

通过合理规划与运作逆向物流,能够降低物流系统,甚至整个供应链的碳排放量,因此,可以将逆向物流视作低碳物流的实现途径之一。

3. 循环物流

中国学者根据循环型社会、循环经济等理念提出了循环物流。目前,关于循环物流较为成熟的定义为:循环物流是满足循环经济发展模式的物流服务需求,将产品物流与废弃物物流进行有机整合的资源节约型、环境友好型的物流过程。该定义可从以下几个方面来理解。

(1)循环物流的主体范围是由参与资源循环过程而连接起来的供应链。

(2)资源节约与环境友好是循环物流的本质属性,促进资源循环最大化是循环物流的总体目标,以减少自然资源的消耗量和最终固体废物的处置量。

(3)“将产品物流与废弃物物流进行有机整合”,改造与重构物流系统,使其呈现周而复始的运动状态,是实现资源节约与环境友好的根本途径。

循环物流与低碳经济相比,其从改造承载资源流动的物流系统切入,以资源循环利用率最大为首要目标,通过整合产品物流与废弃物物流实现资源循环。循环物流对于低碳物流具有指导意义,间接减排型低碳物流与循环物流的思想在本质上是一致的。

通过上述对比可以看出,低碳物流与“绿色物流”“逆向物流”“循环物流”等概念是一脉相承的,是这些概念在低碳经济时代的新体现。低碳物流与相关概念的比较见表 8-3。

表 8-3 低碳物流与相关概念的比较

项目	循环物流	逆向物流	绿色物流	低碳物流
提出时间	20 世纪 90 年代	20 世纪 90 年代	20 世纪 90 年代	21 世纪初
概念内涵	满足循环经济发展模式的物流服务需求,资源节约型、环境友好型的物流过程	原材料、加工库存品、产成品及相关信息从消费地到起始地的高效率、低成本的流动过程	认识物流过程产生的生态环境影响并使其最小化的过程	直接和间接抑制温室气体排放的资源节约型、环境友好型物流过程
共同点	均将降低污染物排放、废弃物回收与循环利用等资源与环境问题纳入物流的研究范畴,在研究目标上强调经济利益与环境影响的统一与协调			
侧重点	从改造承载资源流动的物流系统切入,以资源循环利用率最大为首要目标	主要强调废弃物回收与处理过程的规划、实施和控制等管理过程	强调抑制物流过程自身对环境造成危害,以环境污染最小为首要目标	突出强调以二氧化碳为代表的温室气体排放量的降低

三、低碳物流发展现状

低碳物流体现了低碳经济的基本要求,是低碳经济的重要组成部分,但是目前的研究还处在起步阶段,没有形成自己的理论基础和系统的研究。与发达国家相比,我国物流行业的碳排放情况还处于未研究阶段,也缺乏基础数据的收集和处理等相应的研究准备工作。

（一）企业层面

在实现低碳的方式上,可以根据相关企业所涉及的物流类型来考虑如何使企业实现物流低碳。从企业的角度出发,可以看出主要涉及企业物流、第三方物流企业和物资装备企业。

对于企业物流来说,要想做到低碳,即要通过使用各种节能技术和应用来使各种节能管理措施得到实现,其低能耗模式不外乎三点:节约、循环和新能源。节约是推广创新技术,使用环保材料、降低碳排放;要结合风能和高能效的整个设计模式,雨水收集系统、太阳能路灯、再生纸、垃圾分类等循环和新能源模式。

第三方物流企业的服务范围比较广,其运输方式有海、陆、空运输并涉及仓储业,每个环节都会大量排放二氧化碳。所以,对于物流的低碳化,第三方物流企业的作用十分重要。

低碳物流的主导还应该是物流企业。物流企业集合了先进的物流理念和物流技术,在以下几个方面将体现出突出的优势:装备设施的更新、通过在运营中优化运输路线以减少运输里程、运用计算机仿真模型、针对低碳物流的相关技术和标准的研究、物流信息化等。现在相关的研究和实践还处在初级阶段,但是国内外大型第三方物流企业正在加快探索节能减排的脚步,并取得了越来越突出的成绩。

物流技术和装备企业主要对物流领域实现低碳起到了支持作用,提供节能工具、更新产品等都可以使产品生产过程中的物流环境更加优化和清洁,随着使用更加节能和低碳的设备,有效节约能源,减少碳排放。

（二）政府层面

提出低碳物流主要是为了应对全球气候的变化,低碳物流与低碳经济的发展都是基于全球气候变化对人类生存和发展带来的严峻挑战。政府层面指出,需要国家在制度建设方面的新措施才能够解决的一类问题。通过法律、政策等,促使企业的经营目标符合科学发展观,与社会公众的利益一致起来。

相关研究指出,欧盟在能源问题上面临两大挑战:一是欧盟遵守国际协定,要减少气候变化所带来的影响,控制温室气体的排放;二是确保欧洲对外部能源依赖的安全性。这促使欧盟国家在国内采取措施减少二氧化碳排放量，在国际上与其他国家加强合作。

我国先后制定了应对全球气候变化及低碳经济发展的政策措施：成立了国家应对气候变化及节能减排工作领导机构，制定了《中国应对气候变化国家方案》；低碳经济发展的重点在于把应对气候变化纳入国民经济和社会发展规划、发展绿色经济、健全应对气候变化的法律体系、积极开展国际交流与合作等。

以提高能效、发展清洁能源为核心，以转变发展方式、创新发展机制为关键，以经济社会可持续发展为目标的低碳发展，应该是今后我国经济社会发展的必然战略取向。交通运输行业是国务院确定的节能减排的重点行业之一，交通运输部将把节能减排落实到交通运输各项工作中，将加强技术性减排、结构性减排、制度性减排和消费性减排的研究，低碳交通运输体系将受到政府部门重视。

本章小结

本章主要通过三个方面来讲述物流管理中的社会责任，分别是可持续供应链、绿色物流以及低碳物流。可持续发展已经成为 21 世纪私营、盈利组织的重要目标，可持续性是一个极具挑战的复杂的问题，针对供应链问题要强调可持续性，才能促进发展。树立绿色物流有利于加强推进和拓展物流市场，推动经济的有效发展，实现社会的稳定与进步。在经济发展的过程中必须实施低碳经济，具有一定的紧迫性，物流在发展低碳经济中具有一定的特殊性质，因此，政府和各相关企业要加强实施低碳经济，推进低碳物流的发展，才能有效地改善物流系统，实现国家的可持续发展。

参考文献

[1]胡海清.现代物流管理概论[M].北京:机械工业出版社,2018:112－119.

[2]林勇.物流管理基础[M].武汉:华中科技大学出版社,2018:54－62.

[3]毕新华.现代物流管理[M].北京:科学出版社,2018:36－38.

[4]李严锋,冉文学,宋志兰,刘胜春.物流质量管理[M].北京:科学出版社,2017:27－49.

[5]魏际刚.迈向物流强国:中国物流业中长期发展战略[M].北京:中国发展出版社,2017:85－93.

[6]燕鹏飞.智能物流链接“互联网＋”时代亿万商业梦想[M].北京:人民邮电出版社,2017:18－20,24－26.

[7]朱伟生.物流成本管理[M].北京:机械工业出版社,2017:47－70.

[8]孙韬.跨境电商与国际物流:机遇、模式及运作[M].北京:电子工业出版社,2017:1－5.

[9]林庆.物流 3.0“互联网＋”开启智能物流新时代[M].北京:人民邮电出版社,2017:86－90,107－112.

[10]蒋玉石.循环递进[M].成都:西南交通大学出版社,2017:17－22.

[11]王秦.物流管理[M].北京:北京大学出版社,2017:31－133.

[12]高柏.中欧班列:国家建设与市场建设[M].北京:社会文献科学出版社,2017:6－25.

[13]孙启鹏.丝绸之路经济带国际运输通道研究[M].西安:西安交通大学出版社,2016:26－32.

[14]李创,王丽萍.物流管理[M].北京:清华大学出版社,2016:1－22.

[15]王喜富.大数据与智慧物流[M].北京:清华大学出版社,北京交通大学出版社,2016:43－45.

[16]张宇.智慧物流与供应链[M].北京:电子工业出版社,2016:90－91.

[17]王先庆.互联网＋物流[M].北京:人民邮电出版社,2016:154－160.

[18]徐照林.“一带一路”建设与全球贸易及文化交流[M].南京:东南大学出版社,2016:87－89.

[19]赵晋平.重塑“一带一路”经济合作新格局[M].杭州:浙江大学出版社,2016:3－5.

[20]钮建伟.物流质量管理[M].北京:北京大学出版社,2016:3—9.

[21]王义桅."一带一路"机遇与挑战[M].北京:人民出版社,2016:72—80.

[22](美)约翰·J.科伊尔等著;宋华等译.供应链管理:物流视角[M].北京:电子工业出版社,2016:429—439.

[23]速卖通大学.跨境电商物流[M].北京:电子工业出版社,2016:51—104.

[24]国家发展和改革委员会学术委员会办公室."一带一路"构建全方位开放新格局[M].北京:中国计划出版社,2015:32—36.

[25]程世平,刘葆.物流管理[M].合肥:合肥工业大学出版社,2015:27—35.

[26]孙家庆.物流风险管理[M].大连:东北财经大学出版社,2015:28—49.

[27]王燕.供应链风险管理[M].北京:中国财富出版社,2015:29—43.

[28]吴健.电子商务与现代物流[M].北京:北京大学出版社,2015:1—12.

[29]冯湛青.国际物流与风险管理[M].北京;北京大学出版社,2014:174—178.

[30]章竟,汝宜红.绿色物流[M].北京:北京交通大学出版社,2014:1—9.

[31]董千里.现代企业物流管理[M].北京:首都经济贸易大学出版社,2014:53—66.

[32]王喜富.物联网与现代物流[M].北京:电子工业出版社,2013:43—45.

[33]但斌.供应链管理[M].北京:科学出版社,2012:208—209.

[34]王长琼.绿色物流[M].北京:中国物资出版社,2011:4—11.

[35]乔志强,程宪春.现代企业物流管理[M].北京:北京大学出版社,2011:249—267.

[36]郑凯,朱煜,汝宜红.低碳物流[M].北京:北京交通大学出版社,2011:1—14.

[37]张余华.现代物流管理[M].北京:清华大学出版社,2010:375—401.

[38]韦霞萍,何晓明.互联网背景下供应链金融的发展与前景探析[J].计算机时代,2018(1).

[39]赵睿.工业4.0时代商业大数据技术智能供应链的模式研究[J].商业经济研究,2018(6).

[40]崔艳萍.中欧国际铁路运输通道概念内涵与系统构成[J].中国铁路,2017(6).

[41]赵鸣,张建民,林备战.江苏"一带一路"国际物流运输大通道的再构与发展[J].港口经济,2016(5).